1か月で復習する TOEFL®テスト 基本の500単語

JN051866

**音声無料
ダウンロード**

語研

音声について（音声無料ダウンロード）

◆ 本書の音声は無料でダウンロードすることができます。下記の URL または
QR コードからアクセスしてご利用ください。

https://www.goken-net.co.jp/catalog/card.html?isbn=978-4-87615-385-5

◆ 音声は，見出し語 → 例文の順番で 1 回ずつ収録されています。

◆ 発音記号を確認しながら，音声を繰り返し聞いていただくとより効果的です。

はじめに

　TOEFL は，主に米国やカナダの高等教育機関で求められる英語力を測る世界基準の試験です。そう聞くと「なんだか難しそう」という印象をお持ちになるかもしれません。でも実際は，試験を通して留学気分を味わえる，とてもお得な試験でもあるのです。

　リーディングでは，さまざまなアカデミック領域での初歩的な内容が整理されています。リスニングでは，大学での講義やキャンパスでのリアルに近い会話を学ぶことができます。スピーキングやライティングでは，自分の考えを簡潔にまとめて伝える手法が身につきます。そして，これらすべてに共通して必要な力が単語の知識と運用力です。本書は，TOEFL で必須となる基本語を厳選し，定着率を高めるために本番を想定した実践的な例文を盛り込みました。

　最重要の基本語に加え，TOEFL 特有の「キャンパスライフ」や「アカデミックな講義」に関連した語を中心に，必須単語は他の見出し語の例文でも繰り返し使っています。関連表現や語注には多くの情報を入れました。コラムページでは異文化理解を通したスコアアップをめざし，TOEFL に描かれる典型的なアメリカの大学生活を紹介しています。

　本書を最大限に活用するためのおすすめの学習法は，本書でまず脳内に単語のデータベースを作り，そのうえで問題を解いて試験形式に慣れていくことです。

　私自身，大学院で渡米した時には，最初のオリエンテーションを予約する時点で「相手の発言が聞き取れない」「意見をうまく伝えられない」というもどかしさを体験しました。TOEFL は留学を疑似体験できる試験だと気持ちを切り替え，その「試験留学」に向けた学習時間を楽しんでください。

　最後に，日本語と英文に対する助言を頂戴した小谷延良先生，高校での指導経験をもとに英文校正にご協力くださった Joe Lee 先生，読者視点から鋭い指摘をくれた Dan Kobayashi 氏，そして本書完成までご尽力くださった語研編集者 八木麻衣子様には心より感謝の意を表したいと思います。本書が，皆様が新たな章へと踏み出す一助となることを願って。

2023 年 3 月吉日　鈴木瑛子

目次

【吹き込み】Karen Haedrich
【装丁】クリエイティブ・コンセプト

本書の構成

- 暗記には付属の赤シートをご活用ください。
- 例文語注の **番号** は見出し語の左の見出し語番号にあたります。
- 例文語注の **番号** は見出し語注の関連表現です。

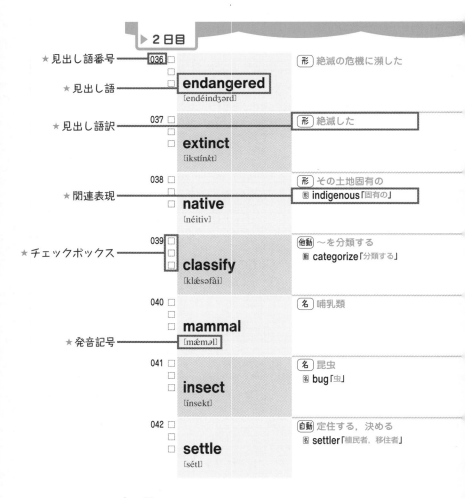

▶ 2日目

★見出し語番号 — 036 □ □ □ — 形 絶滅の危機に瀕した

★見出し語 — **endangered**
[endéindʒərd]

★見出し語訳 — 037 □ □ □ — 形 絶滅した
extinct
[ikstíŋkt]

038 □ □ □ — 形 その土地固有の
★関連表現 — 類 indigenous「固有の」
native
[néitiv]

★チェックボックス — 039 □ □ □ — 他動 ～を分類する
類 categorize「分類する」
classify
[klǽsəfài]

040 □ □ □ — 名 哺乳類
mammal
★発音記号 — [mǽməl]

041 □ □ □ — 名 昆虫
類 bug「虫」
insect
[ínsekt]

042 □ □ □ — 自動 定住する，決める
類 settler「植民者，移住者」
settle
[sétl]

〈品詞アイコンについて〉

名 ➡ 名詞　代名 ➡ 代名詞　自動 ➡ 自動詞　他動 ➡ 他動詞
形 ➡ 形容詞　副 ➡ 副詞　接 ➡ 接続詞　前 ➡ 前置詞

★ 音声トラック番号

06

We must help [endangered] animals.

絶滅危惧種を助けなければなりません。

★ QR コード

Over 100 species become [extinct] every day.　★ 例文

100 種以上の生物が日々絶滅しています。
▶ **017** species「種」

The panda is [native] to China.

パンダは中国原産です。　★ 例文訳
▶ native to ...「〜原産の」

Fish can be [classified] into two types.

魚は2つの種類に分類されます。
▶ **399** type「種類」　★ 例文語注

Both dogs and cats are [mammals].

犬や猫はどちらも哺乳類です。

Spiders may look like [insects], but they are not.

クモは昆虫に見えるかもしれませんが，そうではありません。

The Native Americans [settled] in North America.

アメリカ先住民は北米に定住しました。
▶ **038** Native American「アメリカ先住民」

★ 学習の日付と，
暗記単語数を記入

1回目	年 月 日	2回目	年 月 日	3回目	年 月 日	達成率
	／ 7		／ 7		／ 7	8 %

21

学習計画表

●約 1 か月弱で終えるためのスケジュールモデル《月曜開始の場合》

	月	火	水	木	金	土	日
日付⇨	/	/	/	/	/	/	
	p.10～14 001-021	p.16～20 022-042	p.22～26 043-063	p.28～32 064-084	p.36～40 085-105	p.42～46 106-126	お休み or 復習
チェック⇨	済	済	済	済	済	済	
	月	火	水	木	金	土	日
	/	/	/	/	/	/	
	p.48～52 127-147	p.54～58 148-168	p.62～66 169-189	p.68～72 190-210	p.74～78 211-231	p.80～84 232-252	お休み or 復習
	済	済	済	済	済	済	
	月	火	水	木	金	土	日
	/	/	/	/	/	/	
	p.88～92 253-273	p.94～98 274-294	p.100～104 295-315	p.106～110 316-336	p.114～118 337-357	p.120～124 358-378	お休み or 復習
	済	済	済	済	済	済	
	月	火	水	木	金	土	日
	/	/	/	/	/	/	
	p.126～130 379-399	p.132～136 400-420	p.140～144 421-441	p.146～150 442-462	p.152～156 463-483	p.158～162 484-504	総復習
	済	済	済	済	済	済	

＊開始日を記入し，終わったら済マークをなぞってチェックしてください。

●計画表フリースペース（自分なりのスケジュールを立てたい方用）

／	／	／	／	／	／	／
-	-	-	-	-	-	-
済	済	済	済	済	済	済
／	／	／	／	／	／	／
-	-	-	-	-	-	-
済	済	済	済	済	済	済
／	／	／	／	／	／	／
-	-	-	-	-	-	-
済	済	済	済	済	済	済
／	／	／	／	／	／	／
-	-	-	-	-	-	-
済	済	済	済	済	済	済

＊上から曜日，日付，習得した見出し語の開始と終わりの番号，済マークの
チェック欄になります。自由にカスタマイズしてお使いください。

001 ☐ ☐ ☐ **available** [əvéiləbl]	形 利用できる，入手できる 名 availability「利用できること」 ⇔ 形 unavailable「利用できない」
002 ☐ ☐ ☐ **research** [rí:sə:rtʃ, ri:sə́:rtʃ]	名 研究 自動 研究する 名 researcher「研究者」
003 ☐ ☐ ☐ **access** [ǽkses]	他動 〜にアクセスする 名 接近，入手 名/動 approach「接近 / 近づく」
004 ☐ ☐ ☐ **technology** [teknálədʒi]	名 技術 形 technical「技術的な」
005 ☐ ☐ ☐ **several** [sévərl]	形 いくつかの 代名 いくつか
006 ☐ ☐ ☐ **accommodate** [əkámədèit]	他動 〜を収容する，〜を宿泊させる 形 accommodating「好意的な」 名 accommodation「宿泊施設」
007 ☐ ☐ ☐ **due** [djú:]	形 締め切りで，期限の 名 deadline「締め切り」 形 overdue「期限の過ぎた」

The information is available online.

情報はオンラインで得ることができます。

▶ online「オンラインで」

We should do more research .

もっと研究しましょう。

Even small children can access media.

小さな子供でもメディアにアクセスすることができます。

▶ 174 media「メディア」

Technology is always changing.

技術は常に変化しています。

I've seen the movie several times.

この映画は何度か見ています。

This classroom can accommodate 20 students.

この教室は20人の学生を収容することができます。

When is this report due ?

このレポートの締め切りはいつですか。

008
enroll
[enróul]

自動 入学する，入る
動 enter「入る」

009
admission
[ədmíʃən]

名 入場，入学

010
orientation
[ɔ̀:rientéiʃən, -rən-]

名 オリエンテーション

011
attendance
[əténdəns]

名 出席
動 attend「出席する」

012
reason
[rí:zn]

名 理由

013
semester
[səméstər]

名 （2学期制の）学期
形 mid-semester「学期半ばの」
名 quarter「（4学期制の）学期」

014
department
[dipá:rtmənt]

名 学科

I ⌈enrolled⌉ in the cooking club.

料理クラブに入りました。

⌈Admission⌉ for the museum is free.

美術館への入場は無料です。

▶ **015** museum「美術館」

We had an ⌈orientation⌉ this morning.

今朝オリエンテーションがありました。

The professor always takes ⌈attendance⌉.

教授はいつも出席をとります。

I have a good ⌈reason⌉ to talk to my professor.

教授に相談する正当な理由があります。

How many classes are you taking this ⌈semester⌉?

今学期はいくつのクラスを受講していますか。

The building is for the ⌈Department⌉ of Mathematics.

この建物は数学科の建物です。

015

museum
[mju:zíəm]

名 博物館，美術館

016

behavior
[bihéivjər]

名 行動

017

species
[spí:ʃi(:)z]

名 種

018

habitat
[hǽbətæt]

名 すみか

019

biology
[baiá(:)lədʒi]

名 生物学
图 biologist「生物学者」

020

variety
[vəráiəti]

名 種類，多様性

021

reproduce
[rì:prədjú:s]

自動 繁殖する
他動 〜を再生産する
图 reproduction「複製，繁殖」

We will visit the natural ⟨museum⟩ tomorrow.

明日，私たちは自然博物館を訪れます。

Some snakes show strange ⟨behavior⟩ before heavy rain.

大雨の前に奇妙な行動を見せるヘビもいます。

▶ heavy rain「大雨」

Out of 500 shark ⟨species⟩, only a few attack humans.

500 種のサメのなかで，人間を襲うのはそのうち数種のみです。

▶ out of ...「～のなかから」 shark「サメ」

The whale's ⟨habitat⟩ is the ocean.

クジラの生息地は海です。

▶ whale「クジラ」

I'm taking ⟨biology⟩ this semester.

今学期は生物学をとっています。

▶ 013 semester「学期」

A ⟨variety⟩ of species live on land.

陸上にはさまざまな種が生息しています。

▶ variety of ...「さまざまな～」 017 species「種」

Many animals ⟨reproduce⟩ in spring.

多くの動物は春に繁殖します。

---

022 □
□
□ **imply**
[implái]

(他動) ～をほのめかす
動 infer「推測する」

023 □
□
□ **suggest**
[səgdʒést]

(他動) ～を提案する
名 suggestion「提案」

024 □
□
□ **probably**
[prábəbli]

(副) おそらく
副 likely「たぶん，おそらく」

025 □
□
□ **refer**
[rifə́:r]

(自動) 言及する，参照する

026 □
□
□ **except**
[iksépt]

(前) 以外の

027 □
□
□ **provide**
[prəváid]

(他動) ～を提供する
動/名 offer「提供する / 申し出」

028 □
□
□ **immediately**
[imí:diətli]

(副) すぐに

What does the man `imply`?

男性は何をほのめかしていますか。

What does the woman `suggest` the man do?

女性は男性に何をすることを提案していますか。

What will the speakers `probably` do next?

話し手たちはおそらく次に何をするでしょうか。

What is the man `referring` to?

男性は何について言及していますか。

I like my classes, `except` for Biology.

生物学以外の授業は好きです。

▶ **019** biology「生物学」

Museums `provide` a lot of information.

博物館は多くの情報を提供します。

▶ **015** museum「博物館」

You should leave `immediately`.

すぐに出発するべきです。

---

029 □□□ **board**
[bɔ́:rd]

名 板，委員会
bulletin board「掲示板」

030 □□□ **tuition**
[tju(:)íʃən]

名 授業料
名 fee「料金」
名 fare「運賃」
名 fine「罰金」

031 □□□ **register**
[rédʒistər]

自動 登録する
名 登録
名 registration「登録」
sign up「登録する」

032 □□□ **scholarship**
[skálərʃip]

名 奨学金

033 □□□ **payment**
[péimənt]

名 支払い
動 pay「支払う」

034 □□□ **apply**
[əplái]

自動 申し込む
名 applicant「応募者」
名 application「応募」

035 □□□ **support**
[səpɔ́:rt]

名 支援
他動 ～を支える
形 supportive「支援的な」

Please look at the `board`.

黒板を見てください。

The university has several `tuition`-free courses.

この大学には，いくつかの授業料免除コースがあります。

▶ **005** several「いくつかの」 tuition-free「授業料免除の」

We should `register` for classes early.

早めに授業に登録したほうがいいです。

`Scholarships` are provided for international students.

外国人留学生には奨学金が提供されます。

▶ **027** provide「提供する」 **274** international「国外の」

Your `payment` is $40.

お支払いは 40 ドルです。

Any student can `apply` for scholarships.

どんな学生でも奨学金に申し込むことができます。

▶ **032** scholarship「奨学金」

Do you need any `support` with your computer?

パソコンのサポートが必要ですか。

036 ☐☐☐	**endangered** [endéindʒərd]	形 絶滅の危機に瀕した
037 ☐☐☐	**extinct** [ikstínkt]	形 絶滅した
038 ☐☐☐	**native** [néitiv]	形 その土地固有の 形 indigenous「固有の」
039 ☐☐☐	**classify** [klǽsəfài]	他動 〜を分類する 動 categorize「分類する」
040 ☐☐☐	**mammal** [mǽməl]	名 哺乳類
041 ☐☐☐	**insect** [ínsekt]	名 昆虫 名 bug「虫」
042 ☐☐☐	**settle** [sétl]	自動 定住する，決める 名 settler「入植者，移住者」

We must help [endangered] animals.

絶滅危惧種を助けなければなりません。

Over 100 species become [extinct] every day.

100 種以上の生物が日々絶滅しています。

▶ **017** species「種」

The panda is [native] to China.

パンダは中国原産です。

▶ native to ...「〜原産の」

Fish can be [classified] into two types.

魚は2つの種類に分類されます。

▶ **399** type「種類」

Both dogs and cats are [mammals].

犬や猫はどちらも哺乳類です。

Spiders may look like [insects], but they are not.

クモは昆虫に見えるかもしれませんが，そうではありません。

The Native Americans [settled] in North America.

アメリカ先住民は北米に定住しました。

▶ **038** Native American「アメリカ先住民」

1回目	年 月 日 / 7	2回目	年 月 日 / 7	3回目	年 月 日 / 7	達成率 8 %

043 ☐☐☐	**calculate** [kǽlkjəlèit]	他動 〜を計算する 图 calculation「計算」 图 calculator「電卓」
044 ☐☐☐	**cashier** [kæʃíər]	名 レジ，レジ係
045 ☐☐☐	**product** [prádəkt]	名 商品，製品 图 production「生産」 图 item「品物」 图 merchandise「商品」
046 ☐☐☐	**purchase** [pə́:rtʃəs]	他動 〜を購入する 名 購入品 動 buy「買う」
047 ☐☐☐	**quality** [kwáləti]	名 質
048 ☐☐☐	**retail** [rí:teil]	形 小売りの 名 小売り retail store「小売店」 图 retailer「小売業者」
049 ☐☐☐	**grocery** [gróusəri]	名 食料雑貨店

The payment was [calculated].

支払額が算出されました。

▶ 033 payment「支払い」

Please pay the [cashier].

レジでお支払いください。

▶ 033 pay「支払う」

The [product] is available in several colors.

その商品はいくつかの色があります。

▶ 001 available「利用できる」 005 several「いくつかの」

How many tickets did you [purchase]?

何枚のチケットを購入しましたか。

▶ 479 ticket「チケット」

The company's products are of high [quality].

この会社の製品は高品質です。

▶ 045 product「製品」

The [retail] store will be closed tomorrow.

あの小売店は明日は閉まっています。

Can I get a ride to the [grocery] store?

食料品店まで車で送ってもらうことはできますか。

▶ 239 get a ride「車に乗せてもらう」

---

050 □ □ □ **curriculum**
[kəríkjələm]
名 カリキュラム

051 □ □ □ **syllabus**
[síləbəs]
名 シラバス, 講義の内容を記したもの

052 □ □ □ **academic**
[ækədémik]
形 大学の, 学問の

053 □ □ □ **education**
[èdʒəkéiʃən]
名 教育
形 educational「教育的な」

054 □ □ □ **faculty**
[fækəlti]
名 学部教職員, 大学教職員

055 □ □ □ **dean**
[díːn]
名 学部長

056 □ □ □ **expert**
[ékspəːrt]
名 専門家
名 specialist「専門家」
名 critic「批評家」

The department has a good curriculum.

この学科はよいカリキュラムを持っています。

▶ 014 department「学科」

Check the syllabus before enrolling in the course.

コースに登録する前に，シラバスを確認しなさい。

▶ 150 check「確かめる」 008 enroll「入る」

This academic program teaches English to students.

この大学のプログラムでは学生に英語を教えています。

Good education is important for your future.

よい教育は将来のために重要です。

A faculty member will speak at the orientation.

オリエンテーションでは教員が講演します。

▶ 010 orientation「オリエンテーション」

The Dean is talking to the faculty.

学部長が教員たちと話しています。

▶ 054 faculty「学部教職員」

Many experts support the plan.

多くの専門家がこの計画を支持しています。

▶ 035 support「支える」

---

057 **recently**
[ríːsntli]

副 最近
形 recent「最近の」

058 **ancient**
[éinʃənt]

形 古代の
形 old「古い」

059 **excavate**
[ékskəvèit]

他動 ～を発掘する
名 excavation「発掘」
動 dig「掘る」

060 **age**
[éidʒ]

名 時代，年齢
自動 歳をとる
名 era「時代」
名 period「期間」

061 **ruin**
[rú(ː)in]

名 遺跡
他動 ～を破滅させる

062 **sample**
[sǽmpl]

名 サンプル，標本
名 specimen「標本」

063 **fossil**
[fásil]

名 化石
形 化石の，化石になった
動 fossilize「化石化する，化石になる」

Have you read a good book recently?

最近，よい本を読みましたか。

We should learn more about ancient history.

古代の歴史についてもっと学ぶべきです。

The team excavated the historical site.

チームは史跡を発掘しました。

▶ 290 historical「歴史の」 site「遺跡」

Some animals lived through the Ice Age.

氷河時代に生き残った動物もいます。

▶ Ice Age「氷河時代」

There are many old ruins in Central America.

中米にはたくさんの古い遺跡があります。

▶ 058 old「古い」 Central America「中央アメリカ」

The samples were classified based on their habitats.

サンプルは生息地に基づいて分類されました。

▶ 039 classify「分類する」 based on ...「～に基づいて」 018 habitat「すみか」

The museum has many fossils.

博物館は多くの化石を所有しています。

▶ 015 museum「博物館」

064
identification
[aidèntəfikéiʃən]

名 身分証明書
※略称 ID（読み方：アイディー）

065
purpose
[pə́ːrpəs]

名 目的
図 aim「ねらい」

066
main
[méin]

形 主な
副 mainly「主に」

067
play
[pléi]

名 劇　自動 遊ぶ
他動 ～を行う，～を演奏する
図 presentation「発表」
図 performance「公演」

068
conduct
[kəndʌ́kt; kándʌkt]

他動 ～を行う
名 行為
動 perform「行う，上演する」
carry out「遂行する」

069
opinion
[əpínjən]

名 意見

070
significantly
[signífikəntli]

副 大幅に，かなり
形 significant「重要な，かなりの」

May I see your [identification] card?

身分証明書を見せていただけますか。

The [purpose] of the e-mail is clear.

メールの目的ははっきりとしています。

What is the [main] point of the story?

話の主なポイントはなんですか。

The students are performing a [play] tonight.

今夜，学生たちは劇を上演します。

▶ 068 perform「上演する」

The expert group [conducted] research.

専門家グループが調査研究を行いました。

▶ 056 expert「専門家」 002 research「研究」

What is your [opinion] of the school curriculum?

学校のカリキュラムについて，あなたの意見はどうですか。

▶ 050 curriculum「カリキュラム」

Technology has [significantly] changed our world.

技術が世界を大きく変えました。

▶ 004 technology「技術」

1回目	年 月 日 ／7	2回目	年 月 日 ／7	3回目	年 月 日 ／7	達成率 14 %

071 □ □ □
inspection
[inspékʃən]

名 調査
動 inspect「調査する」

---

072 □ □ □
field
[fíːld]

名 分野，広い野原，畑
field trip「現地調査旅行」
名 area「範囲，地域」
名 arena「競技場」

---

073 □ □ □
major
[méidʒər]

名 専攻科目
形 主要な
自動 専攻する
⇔名/形 minor「副専攻科目/副専攻の」

---

074 □ □ □
require
[rikwáiər]

他動 ～を必要とする
自動 求める
名 requirement「前提条件，要求されるもの」
形 mandatory「必須の」

---

075 □ □ □
prerequisite
[prìrékwəzit]

形 前提条件となる
名 必要条件

---

076 □ □ □
elective
[iléktiv]

形 選択の
形 optional「選択の，任意の」
⇔形 required「必須の」

---

077 □ □ □
sophomore
[sáfəmòr]

名 2 年生
名 freshman「1 年生」
名 junior「3 年生」
名 senior「4 年生」

The professors wrote the [inspection] report.

教授たちは調査報告書を書きました。

The professor is very famous in the academic [field].

あの教授はその学問分野でとても有名です。

▶ 052 academic「学問の」

What's your [major]?

あなたの専攻は何ですか。

The program [requires] a lot of work.

そのプログラムはかなりの労力を必要とします。

Students must take [prerequisite] classes first.

学生は，まず前提条件となる授業を履修していなければなりません。

You can change [elective] classes but not required ones.

選択授業の変更は可能ですが，必須授業の変更はできません。

▶ 076 required「必須の」

Any [sophomore] can apply for the program.

2年生であればだれでも，そのプログラムに応募することができます。

▶ 034 apply「申し込む」

31

078 ☐ ☐ ☐	**volcano** [vɑlkéinou]	名 火山 图 lava「溶岩」
079 ☐ ☐ ☐	**environment** [enváiərənmənt]	名 環境 形 environmental「環境の」
080 ☐ ☐ ☐	**sustainable** [səstéinəbl]	形 持続可能な 图 sustainability「持続可能性」
081 ☐ ☐ ☐	**ecological** [èkəládʒikl]	形 生態の，環境の 图 ecology「生態学」
082 ☐ ☐ ☐	**pollution** [pəlú:ʃən]	名 公害 動 pollute「汚染する」
083 ☐ ☐ ☐	**emit** [imít]	他動 ～を排出する，～を放つ 图 emission「排出」
084 ☐ ☐ ☐	**depressed** [diprésed]	形 意気消沈した 形 upset「動揺した」

32

The Hawaiian Islands are mainly made of volcanos.

ハワイの島々は主に火山でできています。

▶ Hawaiian「ハワイの」 066 mainly「主に」

The city has a clean environment.

その都市はきれいな環境です。

Insects will be sustainable food in the future.

将来的に，昆虫は持続可能な食料になるでしょう。

▶ 041 insect「昆虫」

Global warming can damage ecological balance.

地球温暖化は生態系のバランスを壊すかもしれません。

▶ global warming「地球温暖化」

The new airport will create noise pollution.

新しい空港は騒音公害を起こします。

Most cars emit CO2 gases.

ほとんどの車は二酸化炭素ガスを排出しています。

▶ CO2 = carbon dioxide「二酸化炭素」 167 gas「ガス」

Are you OK? You look depressed today.

大丈夫ですか。今日は落ち込んでいるように見えます。

これがキャンパスライフだ

みなさんは，大学生活についてどのようなイメージを持っていますか。TOEFLのなかでは，アメリカの大学でのリアルな様子が描かれています。日本とアメリカで共通した，大学生活に関わる情報を以下に紹介します。同じ分野でも少し事情が異なる部分もありますので，参考にしてください。

① 住むところ

ここを見て！ **113** campus「大学のキャンパス」 **114** dormitory「寮」
116 roommate「ルームメイト」 **138** residential「住宅の」

大学への入学をきっかけに住環境が大きく変わるというのは，日本でもアメリカでもよくあることです。特にアメリカは国土が広く，「実家から大学に通う」という選択肢は一般的ではありません。実家を出る場合，まずは dormitory（寮）を利用することができます。大学によっては学業面と生活面でのサポートを考慮し，1年生は全員が寮に入るよう required（必須）と定めているところもあります。そこでは roommate（ルームメイト）とのトラブルで悩んだり，resident assistant（寮のサポート役）にお世話になったりすることもあるでしょう。学生生活に慣れた2年生以降は，off-campus（キャンパス外）へ引っ越す学生も多いようです。

② 課外活動・就職活動

ここを見て！ **008** enroll「入学する」 **218** internship「インターンシップ」

clubs and activities（クラブ活動）が盛んです。日本の大学で「同好会」の意味で使われる「サークル」は英語では通じません。

internship（インターンシップ）とは，学生が本格的に就業する前の一定期間，企業で働くことによって経験を得たり，マッチングを計ったりする活動です。

日本の就職活動は，大学生活のある時期からみんな一斉にスーツを着て企業を回り，面接をこなす流れが一般的ですが，アメリカの学生は個人がそれぞれのペースで卒業後の進路を選びます。インターンシップも，ボランティアで無償のものから有給のものまで幅が広く，TOEFL でも現実世界でも，そのままその企業に就職していくケースがよくあります。

③ お金

ここを見て！　030 tuition「授業料」　220 part-time「アルバイトの」
032 scholarship「奨学金」

アメリカの大学は一般的に tuition（授業料）が高いことで有名です。何かしら理由をつけて値上がりすることもあり，学生は part-time work（アルバイト）のほか，student loan（学生ローン）や scholarship（奨学金）で授業料をまかなっています。教科書は専門性が高いほど値段も高くなるので，学生たちは used book（中古本）を利用して学期はじめの出費を抑えたり，学期の終わりに成績が出たらすぐに売ったりして工夫しています。ときには「授業料が高すぎて払えない」「もっと授業料の安い別の大学に編入を考えている」といった，学生がお金に苦労する姿が TOEFL にも出てきます。

085 □
□
□ **price**
[práis]

名 価格
他動 ～に値段をつける

086 □
□
□ **impact**
[ímpækt; impǽkt]

名 影響
他動 ～に影響を与える
動 / 名 **influence**「影響を及ぼす / 影響」
名 **effect**「影響」
動 **affect**「(悪い) 影響を与える」

087 □
□
□ **rise**
[ráiz]

自動 上がる
名 上昇
⇔ 動 **descend**「下がる」

088 □
□
□ **remain**
[riméin]

自動 依然として～のままである,
とどまる

089 □
□
□ **amount**
[əmáunt]

名 量
名 **quantity**「量」

090 □
□
□ **increase**
[inkrí:s]

自動 増える 他動 ～を増やす
名 増加
⇔ 動 / 名 **decrease**「減る / 減少」
名 **growth**「成長」

091 □
□
□ **extra**
[ékstrə]

名 余分のもの, 割増料金
形 余分な, 特別の

36

Price is more important than quality.

価格は質よりも重要です。

▶ 047 quality「質」

Families have a significant impact on children.

家族は子どもに大きな影響を与えます。

▶ 070 significant「かなりの」

The sun rises in the east.

太陽は東から昇ります。

Baseball has remained popular for many years.

長年にわたって，野球は人気が続いています。

A small amount of sugar is good for our health.

少量の砂糖は，私たちの健康によいです。

▶ good for ...「（健康など）〜によい」

Food prices have increased this year.

今年は食料品の値段が上がっています。

▶ 085 price「価格」

You have to pay extra for late registration.

遅れて登録する場合は，追加料金を払わなければなりません。

▶ 033 pay「支払う」　031 registration「登録」

| 1回目 | 年 月 日 ／7 | 2回目 | 年 月 日 ／7 | 3回目 | 年 月 日 ／7 | 達成率 **18 %** |

092 ☐☐☐
counselor
[káunslər]

名 カウンセラー，学生生活全般に助言を与える相談員
名 advisor「アドバイザー」

093 ☐☐☐
skip
[skíp]

他動 (授業など) ～をサボる

094 ☐☐☐
drop
[dráp]

他動 (授業など) ～を削除する
自動 落ちる
名 しずく

095 ☐☐☐
seminar
[sémənà:r]

名 セミナー
名 session「セッション」

096 ☐☐☐
tutor
[tjú:tər]

名 チューター，個別指導員
teaching assistant「(通常大学院生による) 教員補助」
※略称 TA (読み方：ティーエー)

097 ☐☐☐
auditorium
[ɔ̀:ditɔ́:riəm]

名 講堂
形 audio「音声の」

098 ☐☐☐
audience
[ɔ́:diəns]

名 聴衆，観客
名 spectator「見物人，観客」
名 crowd「群衆」

A school counselor **helps students with problems.**

スクールカウンセラーは学生の問題解決を支援します。

Why did you skip **school yesterday?**

なぜ昨日，学校をサボったのですか。

Students can drop **a class before the deadline.**

締め切り前であれば，学生は授業を削除できます。

▶ 007 deadline「締め切り」

The seminar **is about art education.**

そのセミナーは芸術教育に関するものです。

▶ 053 education「教育」

The tutor **provided me with academic support.**

チューターは私に学業面でのサポートをしてくれました。

▶ 027 provide「提供する」 052 academic「学問の」 035 support「支援」

The ceremony will be held in the auditorium.

授賞式は講堂で行われます。

▶ 182 ceremony「式」

What will the audience **probably do next?**

聴衆はおそらく次に何をするでしょうか。

▶ 024 probably「おそらく」

099
astronaut
[ǽstrənɔ̀:t]

名 宇宙飛行士

100
solar
[sóulər]

形 太陽の

101
energy
[énərdʒi]

名 エネルギー

102
planet
[plǽnit]

名 惑星
図 comet「彗星」

103
telescope
[téləskòup]

名 望遠鏡
図 microscope「顕微鏡」
図 binocular「双眼鏡」

104
orbit
[ɔ́:rbət]

他動 〜の周りを軌道を描いて回る
名 軌道

105
sign
[sáin]

名 標識，看板
他動 〜に署名する，〜に合図する

The ⌈astronauts⌉ will stay in the space station.

宇宙飛行士は宇宙ステーションに滞在します。

▶ space station「宇宙ステーション」

The rocket has ⌈solar⌉ panels around its body.

ロケットの周りには太陽光パネルが設置されています。

▶ solar panel「太陽光パネル」

Wind ⌈energy⌉ is sustainable.

風力エネルギーは持続可能です。

▶ 080 sustainable「持続可能な」

The Solar System has eight ⌈planets⌉.

太陽系には8つの惑星があります。

▶ 100 solar system「太陽系」

I bought a ⌈telescope⌉ to see the moon.

月を見るために望遠鏡を買いました。

▶ 046 buy「買う」

The Moon ⌈orbits⌉ the Earth.

月は地球の周りを回っています。

Didn't you see the ⌈sign⌉?

標識を見なかったのですか。

| 1回目 | 年 月 日 /7 | 2回目 | 年 月 日 /7 | 3回目 | 年 月 日 /7 | 達成率 21 % |

41

106 ☐ ☐ ☐	**society** [səsáiəti]	名 社会 形 social「社会の」
107 ☐ ☐ ☐	**receive** [risí:v]	他動 〜を受け取る 名 reception「歓迎会」 動 get「得る」
108 ☐ ☐ ☐	**effective** [iféktiv]	形 効力のある 形 efficient「効率のよい」
109 ☐ ☐ ☐	**impress** [imprés]	他動 〜に感動を与える， 　　　〜に印象を与える 形 impressive「印象的な」
110 ☐ ☐ ☐	**involve** [inválv]	他動 〜を巻き込む
111 ☐ ☐ ☐	**move** [mú:v]	自動 動く，引っ越す 名 引っ越し moving van「引越し用の小型トラック」
112 ☐ ☐ ☐	**cause** [kɔ́:z]	他動 〜を引き起こす 名 原因 動 lead「導く」

How can we change our [society]?

どのように社会を変えられるでしょうか。

I [received] a scholarship.

私は奨学金をもらいました。

▶ 032 scholarship「奨学金」

Use [effective] words to explain your research.

効力のある言葉を使って，あなたの研究を説明しなさい。

▶ 165 explain「説明する」 002 research「研究」

The music [impressed] the audience.

音楽は聴衆に感動を与えました。

▶ 098 audience「聴衆」

Are you [involved] in the solar energy project?

あの太陽エネルギープロジェクトに関わっていますか。

▶ 100 / 101 solar energy「太陽エネルギー」

I'm [moving] out at the end of the semester.

学期末に引っ越します。

▶ 013 semester「学期」

Hot summers [cause] many problems.

猛暑は多くの問題を引き起こします。

113 ☐ ☐ ☐	**campus** [kémpəs]	名 大学のキャンパス campus tour「キャンパスツアー」 形 off-campus「キャンパス外の」
114 ☐ ☐ ☐	**dormitory** [dɔ́ːrmətɔ̀ːri]	名 寮 ※略称 dorm（読み方：ドーム）
115 ☐ ☐ ☐	**studio** [stjúːdiòu]	名 アトリエ，スタジオ studio apartment「ワンルームマンション」
116 ☐ ☐ ☐	**roommate** [rúːmmèit]	名 ルームメイト
117 ☐ ☐ ☐	**facility** [fəsíləti]	名 施設
118 ☐ ☐ ☐	**cafeteria** [kæ̀fətíəriə]	名 食堂
119 ☐ ☐ ☐	**leftover** [léftòuvər]	名 食べ残し ※通常複数形で用いる 　残り，余り 形 残りの，余りの

The university requires freshmen to live on [campus].

この大学では，1年生はキャンパス内に住むことが必須となっています。

▶ 074 require「必要とする」 077 freshman「1年生」

I want to move out of the [dormitory].

寮から引っ越したいのです。

▶ 111 move out「引っ越す」

The artist has his own [studio].

その芸術家は彼自身のアトリエを持っています。

My [roommate] is a sophomore.

私のルームメイトは2年生です。

▶ 077 sophomore「2年生」

The library is a school [facility].

あの図書館は学校の施設です。

▶ 201 library「図書館」

Will you bring me some food from the [cafeteria]?

食堂から食べ物を持って来てくれませんか。

Are these food [leftovers] from the party?

これらの食べ物はパーティーの残り物ですか。

120 □
□
□
storm
[stɔ́ːrm]

名 嵐

---

121 □
□
□
flooding
[flʌ́diŋ]

名 洪水
图 flood「洪水」

---

122 □
□
□
humid
[hjúːmid]

形 湿り気のある
图 humidity「湿度」

---

123 □
□
□
drought
[dráut]

名 干ばつ

---

124 □
□
□
climate
[kláimət]

名 気候

---

125 □
□
□
temperature
[témpərtʃùər, -pərə-]

名 気温，温度，体温
图 thermometer「温度計」

---

126 □
□
□
chain
[tʃéin]

名 チェーン店，鎖，連鎖
他動 ～を束縛する
chain reaction「連鎖反応」
food chain「食物連鎖」

Drive with extra care in a $\boxed{\text{storm}}$ **.**

嵐の中では特に注意して運転しなさい。

▶ 091 extra「特別の」

$\boxed{\text{Flooding}}$ **damages houses and cars.**

洪水は家や車を傷つけます。

During the winter, $\boxed{\text{humid}}$ **air comes from the east.**

冬には東から湿った空気が入ってきます。

$\boxed{\text{Droughts}}$ **affect farms across the world.**

干ばつは世界中の農場に悪影響を与えます。

▶ 086 affect「悪い影響を与える」

The area has a humid $\boxed{\text{climate}}$ **.**

その地域は，じめじめした気候です。

▶ 072 area「地域」 122 humid「湿り気のある」

The $\boxed{\text{temperature}}$ **can get below zero in winter.**

冬には気温が零度以下になることもあります。

Large $\boxed{\text{chain}}$ **stores sell a variety of goods.**

大きなチェーン店ではさまざまな商品を販売しています。

▶ 020 variety of ...「さまざまな〜」

1回目	年 月 日 / 7	2回目	年 月 日 / 7	3回目	年 月 日 / 7	達成率 25 %

127	**demand** [diménd]	名 需要
		他動 〜を要求する
		⇔ 動 supply「供給する」
		形 demanding「多くを要求する」

| 128 | **account** [əkáunt] | 名 口座 |

129	**economy** [ikánəmi]	名 経済
		名 economics「経済学」
		形 economic「経済の」
		形 economical「経済的な」

130	**deposit** [dipázət]	他動 〜を預ける，〜を堆積させる
		名 預け金，堆積物
		名 sediment「堆積物」

| 131 | **depression** [dipréʃən] | 名 不況，うつ状態 |

132	**consumer** [kənsjú:mər]	名 消費者
		名 consumption「消費」
		動 consume「消費する」
		名 customer「顧客」

| 133 | **financial** [fainǽnʃl, fə-] | 形 財政上の，経済的な |
| | | 名 finance「財政」 |

The [demand] supports the price increase.

需要が値上げを後押しします。

▶ 035 support「支える」 085 price「価格」 090 increase「増加」

I'd like to open a bank [account].

銀行口座を開設したいです。

The U.S. [economy] grew in the 18th century.

アメリカ経済は 18 世紀に成長を遂げました。

▶ The U.S. = The United States「米国」 231 century「世紀」

I go to the bank to [deposit] money.

銀行にお金を預けに行きます。

The economic [depression] caused a chain reaction.

経済の不況は連鎖反応を引き起こしました。

▶ 129 economic「経済の」 112 cause「引き起こす」
126 chain reaction「連鎖反応」

The professor studies [consumer] behavior.

教授は消費者行動を研究しています。

▶ 016 behavior「行動」

Thank you for your [financial] support.

経済的な支援に感謝します。

▶ 035 support「支援」

134 ☐ ☐ ☐	**landlord** [lǽndlɔ̀ːrd]	名 大家
135 ☐ ☐ ☐	**rent** [rént]	名 家賃 他動 ～を借りる
136 ☐ ☐ ☐	**include** [inklúːd]	他動 ～を含む 名 inclusion「含有物」 動 contain「含む」
137 ☐ ☐ ☐	**utility** [juːtíləti]	名 公共料金
138 ☐ ☐ ☐	**residential** [rèzidénʃəl]	形 住宅の，宿泊施設のある 名 resident「住民」 resident assistant「寮のサポート係」 ※略称 RA（読み方：アールエー）
139 ☐ ☐ ☐	**garbage** [gáːrbidʒ]	名 ごみ 名 trash「ごみ」 名 junk「がらくた」
140 ☐ ☐ ☐	**neighborhood** [néibərhùd]	名 地域，近所

20

My [landlord] saw my identification card.

大家は私の身分証明書を見ました。

▶ 064 identification「身分証明書」

I'm worried that the [rent] may increase again.

家賃がまた上がるのではないかと心配しています。

▶ 090 increase「増える」

Does the number [include] all of our facilities?

この数字には当社の全施設が含まれていますか。

▶ 117 facility「施設」

My [utility] payment is due tomorrow.

公共料金の支払い期日は明日です。

▶ 033 payment「支払い」 007 due「期限の」

You should not drive too fast in the [residential] area.

住宅地ではスピードを出して運転すべきではありません。

▶ 072 area「地域」

Will you take the [garbage] out?

ごみを出してくれますか。

▶ take out ...「～を取り除く」

I want to move to a better [neighborhood].

もっとよい地域に引っ越したいのです。

▶ 111 move「引っ越す」

141 □ □ □
evolve
[iválv]

自動 進化する，徐々に発展する
他動 ～を進化させる
图 evolution「進化」

142 □ □ □
million
[míljən]

名 100万
图 thousand「千」

143 □ □ □
detail
[dí:teil, ditéil]

名 詳細
他動 ～を詳しく述べる

144 □ □ □
realize
[rí:əlàiz]

他動 ～ということをはっきりと
理解する
動 recognize「認識する」

145 □ □ □
invite
[inváit]

他動 ～を招待する
图 invitation「招待」

146 □ □ □
worth
[wə́ːrθ]

形 ～の価値がある
名 価値
形 worthwhile「(時間・お金をかける)
価値のある，やりがいのある」

147 □ □ □
ability
[əbíləti]

名 能力
图 skill「技術，スキル」

21

We [evolved] differently from monkeys.

私たちはサルとは異なる進化を遂げました。

▶ differently「異なって」

The fossil is around 10 [million] years old.

その化石は約 1,000 万年前のものです。

▶ 063 fossil「化石」

Let me explain the [details].

詳細について説明させてください。

▶ 165 explain「説明する」

People should [realize] the importance of time.

時間の重要性を認識するべきです。

Can I [invite] you for lunch?

あなたをランチに招待してもいいですか。

The city is [worth] visiting.

その街は訪れる価値があります。

The Earth has the [ability] to support life.

地球は生命を支える能力を持っています。

▶ 035 support「支える」

148
specific
[spəsífik]

形 具体的な，特有の
形 special「特別の」
形 particular「特別の」
形 certain「確かな」

149
surprise
[sərpráiz]

他動 ～を驚かせる
名 驚き

150
confirm
[kənfə́ːrm]

他動 ～を確認する
名 confirmation「確認」
動 check「確かめる」

151
appointment
[əpɔ́intmənt]

名 予約

152
addition
[ədíʃən]

名 追加
動 add「加える」

153
depend
[dipénd]

自動 頼る
It depends.「場合による。」
形 dependent「頼っている」

154
transport
[trænspɔ́ːrt]

他動 ～を輸送する
名 輸送，交通，輸送機関
名 transportation「輸送, 輸送手段」

22

Your paper needs more specific details.

論文には，より具体的な詳細を含める必要があります。

▶ 159 paper「論文」 143 detail「詳細」

Does this news surprise you?

このニュースには驚きましたか。

Let's confirm our plan.

計画を確認しましょう。

I have an appointment with a counselor at 2pm.

2時にカウンセラーと会う約束があります。

▶ 092 counselor「カウンセラー」

In addition, the website has more information.

さらに，ウェブサイトにはより多くの情報があります。

▶ in addition「さらに」

Baby mammals depend on others' support.

哺乳類の赤ちゃんは他からのサポートに依存しています。

▶ 040 mammal「哺乳類」 035 support「支援」

The company transports food products.

その会社は食料品を輸送します。

▶ 045 product「製品」

155 □ □ □
credit
[krédit]

名 単位

156 □ □ □
grade
[gréid]

名 成績
他動 ～に成績をつける

157 □ □ □
assignment
[əsáinmənt]

名 課題

158 □ □ □
exam
[igzǽm]

名 試験
※ examination の略称（口語）
名 quiz「小テスト」
名/動 test「試験 / 検査する」

159 □ □ □
essay
[ései]

名 小論文，エッセイ
名 paper「論文，レポート」

160 □ □ □
thesis
[θíːsis]

名 学位（修士，博士）論文

161 □ □ □
memorize
[méməràiz]

他動 ～を暗記する

23

How many more credits **do I need?**

私はあと何単位必要ですか。

What was your final grade **for the class?**

その授業の最終的な成績はどうでしたか。

This assignment **is due next Wednesday.**

この課題の提出期限は来週の水曜日です。

▶ **007** due「期限の」

I didn't do well on the biology exam.

生物学の試験はうまくできませんでした。

▶ do well「うまくいく」 **019** biology「生物学」

Did you finish your essay?

小論文は終わりましたか。

What is your thesis **about?**

あなたの論文の内容はどんなものですか。

You need to memorize **all the lines for the play.**

劇中のセリフはすべて暗記する必要があります。

▶ line「セリフ」 **067** play「劇」

---

162 □ □ □
assumption
[əsʌ́mpʃən]

（名）仮定
（動）assume「仮定する」
（名）hypothesis「仮説」

163 □ □ □
emergency
[imə́:rdʒənsi]

（形）緊急の，非常用の
（名）緊急
（動）emerge「現れる」
（名）ambulance「救急車」

164 □ □ □
theory
[θíːəri]

（名）理論

165 □ □ □
explanation
[èksplənéiʃən]

（名）説明
（動）explain「説明する」

166 □ □ □
method
[méθəd]

（名）方法
（名）methodology「方法論」

167 □ □ □
fuel
[fjúːəl]

（名）燃料
（名）gas「ガス，ガソリン」

168 □ □ □
aspect
[ǽspekt]

（名）面

24

No one has tested the [assumption].

だれもその仮定を検証していません。

▶ no one「だれも〜ない」　158 test「検査する」

The hospital has an [emergency] room.

病院には緊急救命室があります。

▶ emergency room「緊急救命室」

Charles Darwin developed the [theory] of evolution.

チャールズ・ダーウィンが進化論を発展させました。

▶ 185 develop「発展する」　141 theory of evolution「進化論」

The teacher's [explanation] was easy to understand.

先生の説明はわかりやすいものでした。

Many research [methods] are available to biologists.

生物学者には多くの研究方法があります。

▶ 002 research「研究」　001 available「利用できる」　019 biologist「生物学者」

The use of fossil [fuels] increases air pollution.

化石燃料の使用は大気汚染を増加させます。

▶ 063 fossil fuel「化石燃料」　090 increase「増やす」
082 air pollution「大気汚染」

What [aspect] of education is the talk mainly about?

主に教育のどのような側面についてのお話でしょうか。

▶ 053 education「教育」　066 mainly「主に」

TOEFL はアメリカの大学や大学院を舞台とし，講義や生活における英語力を測る試験です。国が違えば当然文化も違ってきます。日本の大学生活とは異なる点があるため，英語は聞き取れても，なかなか正解が選べない問題もあります。もちろん大学によって，実際の規則や雰囲気などは異なりますので，試験で出てくるのはごく標準的な制度と考えてください。TOEFL に登場する大学生活での細かな文化の違いに関して，背景知識を入れておきましょう。

① 学生の世話役 academic advisor（アカデミックアドバイザー）がいる

ここを見て！　**389** approve「承認する」　**092** counselor「カウンセラー」
096 tutor「チューター」

履修授業の時間割決め，進路相談，ルームメイトとのいざこざまで，幅広く学生の相談に乗ってくれる academic advisor という職員がいます。各学生が学期はじめに授業スケジュールを決めたら，必ず academic advisor に見せて承認のサインをもらうよう定めている大学もあります。

アドバイザーのほかにも counselor や tutor など，困った時に頼れる立場の人たちがたくさんいます。

② library（図書館）は大人気

ここを見て！　**201** librarian「司書」　**351** unless「〜しない限り」

大学付属施設としては，図書館はリスニングセクションでの登場回数ナンバーワンです。勉強はもちろん，学生たちは待ち合わせ場所や group study などに利用しています。遅い時間まで，ときには 24 時

間空いている場合もあります。

日本では，図書館のスタッフの方々とお話しする機会はあまりなく，欲しい本や資料が明確になっている場合に保管場所を尋ねるくらいかもしれません。アメリカの大学での図書館司書 librarian は，論文を書くアイデアを練っている段階からさまざまな情報のヒントをくれる，頼もしい存在です。

注意しなければならないのは，資料の返却期限を過ぎた場合，新たに別の本が借りられないばかりでなく，ペナルティとして罰金が取られることです。１日数セント（多くの場合 10 円程度）とわずかな金額ですが，１冊ごとの設定になっているため，複数冊借りているとそれなりに高額になり，トラブルの原因となることがあります。

③ charity（チャリティ）が根付いている

ここを見て！　283 contribute「貢献する」 283 donate「寄付する」
279 encourage「励ます」 243 fundraising「資金集め」

チャリティとは，博愛，慈愛といった精神をもとに，社会やコミュニティに対して行う善い行為を指します。その文化がうかがえる表現，例えば contribute「貢献する」，donate「寄付する」，make a donation「寄付をする」などのフレーズは非常によく出てきます。片づけをして出てきた不要なものをチャリティ団体が設置している donation box へ持っていくのはごく自然な習慣です。美術館や博物館では，個人から寄付として譲り受けたコレクションも多く保管しています。

最近では日本語でもクラウドファンディングという言葉が使われるようになりました。この funding は「資金調達」を指します。なかでも，楽しみながら寄付をつのる目的で開催される fundraising event には，劇やコンサートといった文化的な公演のほか，スポンサー付きマラソン大会などもあります。

169

publish
[pʌ́bliʃ]

他動 ～を発行する，～を出版する
動 print「印刷する」

170

editor
[édətər]

名 編集者
動 edit「編集する」
名/形 editorial「社説 / 編集者の」
名 author「著者」

171

review
[rivjú:]

他動 ～を見直す，～を検査する
名 レビュー，再調査

172

poem
[póuəm]

名 詩
名 poetry「(韻を踏んだ) 詩」
名 prose「散文」

173

literature
[lítərətʃər]

名 文学
名 novel「小説」

174

media
[mí:diə]

名 メディア
※ medium「媒体」の複数形
mass media「マスメディア」

175

broadcast
[brɔ́:dkæst]

他動 ～を放送する
名 放送

25

The school [publishes] a school newspaper.

その学校は校内新聞を発行しています。

Who is the [editor] of the campus newspaper?

大学のキャンパス新聞の編集者はだれですか。

▶ **113** campus「大学のキャンパス」

Students [review] their notes before an exam.

学生たちは試験前にノートを見直します。

▶ **158** exam「試験」

The [poem] is about spring flowers.

この詩は春の花をテーマにしています。

The book is required for the [literature] class.

この本は文学の授業で必須です。

▶ **076** required「必須の」

We consume [media] in many ways.

私たちは多くの方法でメディアを消費しています。

▶ **132** consume「消費する」

The program was [broadcasted] on television.

その番組はテレビで放送されたものです。

176

journal
[dʒə́ːrnl]

名 学術誌

图/形 periodical「定期刊行物 / 定期刊行の」

177

pass
[páːs, pǽs]

他動 ～に合格する，～を通り過ぎる
名 合格
⇔ 動 fail「落ちる」

178

degree
[digríː]

名 学位，程度

179

graduate
[grǽdʒuèit]

自動 卒業する　名 卒業生
形 大学院の
graduate student「大学院生」
图 graduation「卒業」

180

direction
[dərékʃən, dai-]

名 指示
图 directory「住所氏名録, 建物案内板」
图 guideline「ガイドライン」
图 instruction「指示, 説明書」

181

reference
[réfərəns]

名 参考文献，推薦状

182

ceremony
[sérəmòuni]

名 式

26

Where can I find [journals] on animal behavior?

動物行動学に関する学術誌はどこにありますか。

▶ 016 behavior「行動」

He [passed] the test last semester.

この前の学期で，彼はテストに合格しました。

▶ 158 test「試験」　013 semester「学期」

I have a [degree] in computer science.

私はコンピュータサイエンスの学位を持っています。

▶ 437 science「科学」

She has enough credits to [graduate] next semester.

彼女は次の学期に卒業するのに十分な単位を持っています。

▶ 155 credit「単位」　013 semester「学期」

Please follow my [directions].

私の指示に従ってください。

Your paper should have some [references].

論文には参考文献を入れるべきです。

▶ 159 paper「論文」

The graduation [ceremony] will be in May.

卒業式は5月になります。

▶ 179 graduation「卒業」

183 □
□
□
survey
[sə́:rvei, sərvéi]

名 調査
類 questionnaire「アンケート調査」

184 □
□
□
experiment
[ikspérəmènt]

名 実験
自動 実験する

185 □
□
□
development
[divéləpmənt]

名 発展，発達
動 develop「発展する」

186 □
□
□
factor
[fǽktər]

名 要因
類 fact「事実」

187 □
□
□
protect
[prətékt]

他動 〜を守る
名 protection「保護」
動 guard「守る」

188 □
□
□
ingredient
[ingrí:diənt]

名 原材料

189 □
□
□
material
[mətíəriəl]

名 物質，素材
類 substance「物質」

27

The team conducted a [survey].

そのチームは調査を行いました。

▶ 068 conduct「行う」

We have to finish the [experiment].

実験を完了させなければなりません。

The student is majoring in child [development].

その学生は児童発達を専攻しています。

▶ 073 major「専攻する」

Many [factors] influence the economy.

多くの要因が経済に影響を及ぼします。

▶ 086 influence「影響を及ぼす」 129 economy「経済」

We must [protect] the environment.

環境を守らなければなりません。

▶ 079 environment「環境」

Let's check the [ingredients] of chocolate.

チョコレートの原材料を見てみましょう。

▶ 150 check「確かめる」

What is the [material] made of?

その物質の素材は何ですか。

190
diet
[dáiət]

名 日常の食事，ダイエット

191
exercise
[éksərsàiz]

自動 運動する
他動 ～を行使する
名 運動
動/名 **practice**「行う / 行為」

192
improve
[imprú:v]

他動 ～を改善する
自動 よくなる

193
weight
[wéit]

名 体重
動 **weigh**「重さをはかる」

194
combine
[kəmbáin]

他動 ～を組み合わせる
名 **combination**「組み合わせ，鍵の番号の組み合わせ」

195
escape
[iskéip]

自動 逃れる
他動 ～を避ける

196
avoid
[əvɔ́id]

他動 ～を避ける

28

Now, let's look at the `diet` of elephants.

では，象の食事について見てみましょう。

I `exercise` in the park every day.

毎日，公園で運動をしています。

Technology has `improved` the quality of education.

技術は教育の質を改善しました。

▶ 004 technology「技術」 047 quality「質」 053 education「教育」

Did you lose some `weight`?

少し体重が落ちましたか。

▶ 444 lose「失う」

It's better to `combine` diet with exercise.

ダイエットと運動を組み合わせたほうがよいでしょう。

▶ 190 diet「ダイエット」 191 exercise「運動」

The author was trying to `escape` from reality.

その著者は現実から逃れようとしていたのです。

▶ 170 author「著者」 reality「現実」

You should `avoid` eating too many sweets.

甘いものを食べ過ぎるのは避けたほうがいいですよ。

197
submit
[səbmít]

他動 ～を提出する
turn in ...「～を提出する」

198
transfer
[trænsfə́ːr]

自動 転校する，編入する
他動 ～を移す

199
term
[tə́ːrm]

名 (専門分野の)用語，学期，期間
in terms of ...「～に関して」
名/形 midterm「中間 / 中間の」

200
organization
[ɔ̀ːrgənəzéiʃən]

名 組織，構成
動 organize「組織する，計画する」
名 institution「機関」

201
librarian
[laibréəriən]

名 司書
名 library「図書館」

202
article
[áːrtikl]

名 記事，論説

203
circulation
[sə̀ːrkjəléiʃən]

名 循環，発行部数，
　　図書貸出部数
circulation counter「(図書館の)
貸出カウンター」

29

Did you already submit your assignment?

もう課題を提出しましたか。

▶ 157 assignment「課題」

He's going to transfer to a different university.

彼は，他の大学に編入するつもりです。

Try to avoid technical terms.

専門用語を避けるよう，努力してください。

▶ 196 avoid「避ける」 004 technical term「専門用語」

The student organization held a special seminar.

学生組織は特別セミナーを開催しました。

▶ 148 special「特別の」 095 seminar「セミナー」

You can ask a librarian when searching for a book.

本を探す際は図書館の司書に聞くことができます。

▶ search「探す」

I finished reading an article on city transport.

都市交通に関する記事を読み終えました。

▶ 154 transport「交通」

This image shows the circulation of blood.

このイメージ図は血の循環を示しています。

1回目	年 月 日 ／ 7	2回目	年 月 日 ／ 7	3回目	年 月 日 ／ 7	達成率 40 %

204

result
[rizʌ́lt]

名 結果
图 outcome「結果」

205

evidence
[évidns]

名 証拠
图 proof「証拠」

206

equipment
[ikwípmənt]

名 機器，装置
動 equip「装備する」
图 apparatus「装置」
图 device「機器」

207

construction
[kənstrʌ́kʃən]

名 工事，建設

208

warn
[wɔ́ːrn]

自動 警告する

209

argument
[áːrgjəmənt]

名 主張
图 claim「主張」

210

public
[pʌ́blik]

形 公立の，公共の
名 一般の人々，国民
⇔ 形 private「私立の」
⇔ 形 personal「個人の」

30

The ⎡results⎤ of the experiments are always the same.

実験の結果はいつも同じです。

▶ 184 experiment「実験」

They have found strong ⎡evidence⎤.

彼らは強力な証拠を見つけました。

Check the ⎡equipment⎤ before each experiment.

毎回実験前に機材を確認しなさい。

▶ 150 check「確かめる」 184 experiment「実験」

How long does the ⎡construction⎤ take?

工事はどれくらいかかりますか。

The article ⎡warned⎤ of the risk of poor health.

その記事は体調不良の危険性を警告していました。

▶ 202 article「記事」 risk「危険性」

The professor made an academic ⎡argument⎤.

教授は学問的論争を行いました。

▶ 052 academic「学問の」

My brother works at the ⎡public⎤ library.

私の兄は公立図書館で働いています。

▶ 201 library「図書館」

---

211 □
□
□ **expose**
[ikspóuz]

他動 ～にさらす

212 □
□
□ **attach**
[ətǽtʃ]

他動 ～を取り付ける
名 attachment「愛着, 付属品」
⇔ 動 detach「取り外す」

213 □
□
□ **wish**
[wíʃ]

他動 ～であればいいのにと思う
名 望み
I wish I could.「できたらいいのです
が（できません）。」

214 □
□
□ **definitely**
[défənətli]

副 確実に
形 definite「明確な」

215 □
□
□ **agree**
[əgríː]

自動 賛成する
⇔ 動 disagree「反対する」

216 □
□
□ **convince**
[kənvíns]

他動 ～を納得させる,
～を説得する

217 □
□
□ **situation**
[sìtʃuéiʃən]

名 状況
名 condition「状態」

31

The students were │exposed│ to a loud noise.

学生たちは大きな音にさらされました。

▶ 495 loud「うるさい」

The small devices were │attached│ to the birds.

小型の装置が鳥に取り付けられました。

▶ 206 device「機器」

I │wish│ I had studied more for the exam.

試験のためにもっと勉強しておけばよかったと思います。

▶ 158 exam「試験」

The Internet has │definitely│ become a part of our lives.

インターネットは確実に私たちの生活の一部となりました。

I │agree│ with my roommate.

ルームメイトに賛成です。

▶ 116 roommate「ルームメイト」

The public is not │convinced│.

一般の人々は納得していません。

▶ 210 public「一般の人々」

The │situation│ has remained the same.

状況は同じままです。

▶ 088 remain「依然として〜のままである」

218
□
□
□ **internship**
[íntə:rnʃìp]

名 インターンシップ
動/名 intern「インターンとして勤務する / インターン生」
名 career「経歴，職業」

219
□
□
□ **experience**
[ikspíəriəns]

名 経験

220
□
□
□ **part-time**
[pá:rttàim]

形 非常勤の，アルバイトの
⇔ 形 full-time「常勤の」
形 temporary「一時の」

221
□
□
□ **reserve**
[rizə́:rv]

他動 ～を予約する，～を取っておく
名 蓄え
名 reservation「予約」
動 book「予約する」

222
□
□
□ **cover**
[kÁvər]

他動 ～を取り扱う，～を覆う
名 カバー，表紙

223
□
□
□ **procedure**
[prəsí:dʒər]

名 手続き
名/動 process「過程,手順 / 処理する」

224
□
□
□ **concern**
[kənsə́:rn]

他動 ～を心配させる
名 心配，関心事
名 anxiety「心配」

32

Here are the details for the internship program.

インターンシップ・プログラムの詳細はこちらです。

▶ 143 detail「詳細」

The job requires work experience.

この仕事には実務経験が必要です。

▶ 074 require「必要とする」

I work part-time at the museum.

私は美術館でアルバイトをしています。

▶ 015 museum「美術館」

Can I reserve a table by the window?

窓側のテーブルを予約できますか。

Let's cover this aspect in the next class.

この側面については，次回の授業で取り上げましょう。

▶ 168 aspect「面」

Let me explain the admission procedure.

入学手続きについて説明させてください。

▶ 165 explain「説明する」 009 admission「入学」

I'm concerned about my course requirements.

講座の前提条件について心配しています。

▶ be concerned about ...「～について心配する」
074 requirement「前提条件」

225 □ □ □ **complicated** [kámpləkèitid]	形 複雑な 形 complex「複雑な」
226 □ □ □ **attitude** [ǽtitjùːd]	名 意見，態度
227 □ □ □ **shorten** [ʃɔ́ːrtn]	他動 ～を短くする
228 □ □ □ **average** [ǽvəridʒ]	形 平均の 名 平均 自動 平均する
229 □ □ □ **standard** [stǽndərd]	名 基準，規範 形 標準の 動 standardize「標準化する」
230 □ □ □ **annual** [ǽnjuəl]	形 毎年の 副 annually「毎年」
231 □ □ □ **decade** [dékeid]	名 10 年間 名 century「100 年間，世紀」

The situation is `complicated`.

状況は複雑です。

▶ 217 situation「状況」

Public `attitudes` toward healthcare have changed.

健康管理に対する国民の意識も変わってきました。

▶ 210 public「国民」 healthcare「健康管理」

We can `shorten` the performance period.

公演期間を短くすることができます。

▶ 067 performance「公演」 060 period「期間」

The `average` temperature in summer is around 31°C.

夏の平均気温は約31℃です。

▶ 125 temperature「気温」

Many countries have set environmental `standards`.

多くの国は環境に関する基準を設けています。

▶ 079 environmental「環境の」

Students performed the `annual` play.

学生たちは毎年恒例の劇を上演しました。

▶ 068 perform「上演する」 067 play「劇」

Over the last `decade`, the song has been popular.

過去10年にわたり，この曲は人気を博してきました。

79

232 ☐ ☐ ☐	**disease** [dizí:z]	名 病気 反 injury「けが」
233 ☐ ☐ ☐	**sick** [sík]	形 病気の 名 sickness「病気，吐き気」 形 seasick「船酔いの」 形 ill「病気の」
234 ☐ ☐ ☐	**symptom** [símptəm]	名 症状，兆候 名 phenomenon「現象」
235 ☐ ☐ ☐	**medication** [mèdikéiʃən]	名 薬，薬による治療 名 medicine「薬，薬学」 形 medical「医療の」
236 ☐ ☐ ☐	**tablet** [tǽblət]	名 錠剤，タブレット 名 pill「錠剤」 名 patch「貼り薬，つぎはぎ」
237 ☐ ☐ ☐	**treat** [trí:t]	他動 〜を扱う，〜を治療する 形 おごる 名 よいもの，おごること 名 treatment「扱い」
238 ☐ ☐ ☐	**function** [fʌ́ŋkʃən]	名 機能 自動 機能する，作用する 形 functional「機能的な」

34

Some insects carry diseases.

病気を運ぶ昆虫がいます。

▶ 041 insect「昆虫」

Stay warm, so you won't get sick.

病気にならないように暖かくしなさい。

▶ get sick「病気になる」

One of the symptoms is depression.

症状のひとつは，うつ状態になることです。

▶ 131 depression「うつ状態」

Are you taking any medications?

薬を服用していますか。

Take one tablet three times a day after meals.

1日3回，食後に1錠服用してください。

▶ 477 three times「3回」

Please treat the equipment carefully.

機器を大切に扱ってください。

▶ 206 equipment「機器」

This calculator has many functions.

この電卓には多くの機能があります。

▶ 043 calculator「電卓」

239 ☐ ☐ ☐	**lift** [líft]	名 (人を車などに) 乗せること 他動 ～を持ち上げる 名/動 ride「乗せること / 乗る」
240 ☐ ☐ ☐	**postpone** [poustpóun]	他動 ～を延期する put off「延期する」
241 ☐ ☐ ☐	**apparently** [əpǽrəntli]	副 明らかに, 見たところ 形 apparent「明らかな」 動 appear「出現する」 副 obviously「明らかに」
242 ☐ ☐ ☐	**announcement** [ənáunsmənt]	名 発表 動 announce「発表する」
243 ☐ ☐ ☐	**fund** [fʌ́nd]	他動 ～に資金を提供する 名 基金 名 fundraising「資金集め」
244 ☐ ☐ ☐	**population** [pàpjəléiʃən]	名 人口, 人々, 個体群 名 demography「人口統計学」
245 ☐ ☐ ☐	**range** [réindʒ]	名 範囲, 広がり 他動 ～を並べる 自動 連なる

35

My roommate gave me a ⎣lift⎦ to the airport.

ルームメイトが空港まで送ってくれました。

▶ **116** roommate「ルームメイト」 give ... a lift「～を車で送る」

The due date has been ⎣postponed⎦.

期限日は延長されました。

▶ **007** due date「期限日」

⎣Apparently⎦, the results supported the theory.

明らかに，その結果は理論を裏付けるものでした。

▶ **204** result「結果」 **035** support「支える」 **164** theory「理論」

Did you hear the ⎣announcement⎦?

発表を聞きましたか。

The city will ⎣fund⎦ the construction.

市はその建設に資金を提供します。

▶ **207** construction「建設」

The ⎣population⎦ of New York rose significantly.

ニューヨークの人口は大きく増加しました。

▶ **087** rise「上がる」 **070** significantly「大幅に」

Dogs can hear a wide ⎣range⎦ of sounds.

犬は広い範囲の音を聞くことができます。

246 ☐
☐
☐ **tooth**
[túːθ]

名 歯《単数形》
名 teeth「歯《複数形》」
名 toothache「歯の痛み」

247 ☐
☐
☐ **muscle**
[mʌ́sl]

名 筋肉
形 muscular「筋肉の」

248 ☐
☐
☐ **tissue**
[tíʃuː]

名 （体の）組織, ティッシュペーパー

249 ☐
☐
☐ **poison**
[pɔ́izn]

名 毒
形 poisonous「毒のある」
形 toxic「有毒な」

250 ☐
☐
☐ **breathe**
[bríːð]

自動 呼吸する
他動 ～を吸う
名 breath「息」

251 ☐
☐
☐ **nutrition**
[njuːtríʃən]

名 栄養
形 nutritious「栄養の, 栄養価が高い」
名 nutritionist「栄養士」
名 calorie「カロリー」

252 ☐
☐
☐ **recover**
[rikʌ́vər]

他動 ～を取り戻す
自動 回復する
名 recovery「回復」

36

I had my [tooth] pulled yesterday.

昨日，歯を抜いてもらいました。

Exercise helps you to build [muscle].

運動は筋肉をつけるのに役立ちます。

▶ 191 exercise「運動」

Healthy mouth [tissue] protects teeth.

健康な口内の組織は歯を守ります。

▶ 187 protect「守る」 246 teeth「歯」

Some plants have [poison].

毒を持っている植物もあります。

Can you explain how our bodies [breathe] in and out?

私たちの体はどのように呼吸しているか説明できますか。

▶ 165 explain「説明する」 in and out「出たり入ったり」

There is a growing concern about [nutrition].

栄養についての関心が高まっています。

▶ growing「大きくなる」 224 concern「関心事」

How can we [recover] information?

どうすれば情報を取り戻せるのですか。

大学の学問分野を表す英単語に慣れておくと，話の大筋をつかみやすくなります。TOEFL のリスニングでは，会話やトークの音源が流れる前に，ひとことトピックや場面に関する紹介があります。例えば「Listen to a talk in a <u>statistics</u> class.（<u>統計学</u>の授業でのトークを聞きましょう。）」といったような言い回しで，ナレーターによる前置きがあります。ここで statistics の意味が「多くのデータを用いて分析をする技法」のことだとおおまかにわかれば，これから聞こえてくる内容に対して少し予想がつけられるようになります。こうして耳と心の準備が整った状態でトークの音源を聞くことで，重要な単語を拾いやすく，飛躍的に内容が理解しやすくなるはずです。単純な日本語訳に加えて，正しい発音と取り扱う分野のイメージを広く持っておくことがスコアにつながります。

理系頻出ベスト5

019 **biology** 生物学　438 **chemistry** 化学　235 **medicine** 薬学
physics 物理学　**astronomy** 天文学

文系頻出ベスト5

415 **psychology** 心理学　129 **economics** 経済学
173 **literature** 文学　**philosophy** 哲学　**linguistics** 言語学

古いものを対象とする学問・・・・・History系

paleontology 古生物学　**archaeology** 考古学
anthropology 人類学

生き物を対象とする学問・・・・・Biology系

zoology 動物学　**entomology** 昆虫学　**botany** 植物学

数学系の学問・・・・・Mathematics系

algebra 代数　**calculus** 微積分　**geometry** 幾何学

名前が似ている学問

geology 地質学　**geography** 地理学

ワンポイントアドバイス

TOEFLでは，科目名の後に数字がついていることがあります。
Sociology101（この場合，読み方はワンオーワン）といった具合です。
アメリカの大学ではすべての授業にナンバリングがしてあり，同じ授業名でも番号が小さいほど内容が簡単で，番号が大きくなるほど専門性が高い内容を取り扱うよう設計されています。初心者レベル101の授業は，専門コースを選ぶ前や，他の授業を取る前に履修する前提のprerequisite「必修科目」に設定されていることが多くなっています。

ここを見て！　075 prerequisite「前提条件となる」

253 ☐ ☐ ☐	**basis** [béisis]	名 基盤 on a ... basis「〜ベースで, 〜方式で」
254 ☐ ☐ ☐	**rare** [réər]	形 めずらしい, 素敵な 形 unique「独特の, めずらしい」
255 ☐ ☐ ☐	**agency** [éidʒənsi]	名 代理店 名 agent「代理店」
256 ☐ ☐ ☐	**landscaping** [lǽndskèipiŋ]	名 造園 名 gardening「造園, 園芸」
257 ☐ ☐ ☐	**lawn** [lɔ́ːn]	名 芝生 mow the lawn「芝を刈る」
258 ☐ ☐ ☐	**shrub** [ʃrʌ́b]	名 低木 名 shrubbery「低木」
259 ☐ ☐ ☐	**trim** [trím]	他動 〜を刈り込んで手入れをする, 〜に飾りをつける 形 整備された 動 shave「剃る」

37

The newspaper is printed on a weekly [basis].

新聞は週単位で印刷されています。

▶ 169 print「印刷する」

The book is a [rare] treat.

この本は希少価値のあるものです。

▶ 237 treat「よいもの」

I booked a hotel through a travel [agency].

旅行代理店を通してホテルを予約しました。

▶ 221 book「予約する」

Many students supported the [landscaping] project.

多くの学生たちは造園プロジェクトを支持しました。

▶ 035 support「支える」

Let's sit on the [lawn].

芝生に座りましょう。

Trees and [shrubs] are planted in the garden.

木や低木が庭に植えられています。

▶ plant「植える」

I got my hair [trimmed].

髪を整えてもらいました。

260 □
□
□
participation
[pərtìsəpéiʃən, paːr-]

名 参加
图 participant「参加者」
動 participate「参加する」

261 □
□
□
qualified
[kwáləfàid]

形 資格を持っている，
適任である
图 qualification「資格」
图 background「経歴」

262 □
□
□
election
[ilékʃən]

名 選挙
图 Congress「(アメリカなどの) 国会」
the Senate「上院」
the House of Representatives「下院」

263 □
□
□
government
[gávər(n)mənt]

名 政治，政府
federal government「連邦政府」

264 □
□
□
vote
[vóut]

自動 投票する
名 投票

265 □
□
□
candidate
[kǽndidèit]

名 候補者

266 □
□
□
policy
[páləsi]

名 方針，政策

38

We welcome your participation.

皆様のご参加をお待ちしております。

▶ welcome「歓迎する」

The student is qualified for the editor's job.

その学生は編集者の仕事に適任です。

▶ 170 editor「編集者」

Who won the election?

だれが選挙に勝ったのですか。

The government provided land for the projects.

政府はプロジェクトのために土地を提供しました。

▶ 027 provide「提供する」

I'll vote for you.

私はあなたに投票します。

You are a strong candidate for the internship.

あなたはインターンシップの有力な候補者です。

▶ 218 internship「インターンシップ」

Have you read the admission policy?

入学者受け入れ方針を読んだことがありますか。

▶ 009 admission policy「入学者受け入れ方針(アドミッション・ポリシー)」

1回目	年 月 日 /7	2回目	年 月 日 /7	3回目	年 月 日 /7	達成率 53 %

91

267

generate
[dʒénərèit]

他動 〜を生む

268

generation
[dʒènəréiʃən]

名 世代

269

genetic
[dʒənétik]

形 遺伝子の
genetic engineering「遺伝子工学」

270

survival
[sərváivl]

名 生存
動 survive「生き残る」

271

cycle
[sáikl]

名 循環，ひと回り
自動 循環する
名/動 recycle「再利用/再利用する」

272

predator
[prédətər]

名 肉食動物，捕食者
⇔ 名 prey「獲物」

273

feed
[fíːd]

他動 〜にえさを与える
自動 （動物が）ものを食べる

39

Water can `generate` power.

水はパワーを生み出すことができます。

Environmental change will impact future `generations`.

環境の変化は将来の世代に影響を与えます。

▶ 079 environmental「環境の」 086 impact「影響を与える」

Some fossils contain `genetic` information.

化石には遺伝子情報が含まれているものがあります。

▶ 063 fossil「化石」 136 contain「含む」

Plants are important for our `survival`.

植物は私たちの生存に重要です。

Let's review the life `cycle` of frogs.

カエルのライフサイクルをおさらいしてみましょう。

▶ 171 review「見直す」

Lions are one of the top `predators`.

ライオンは頂点捕食者の一種です。

Animals `feed` their young in their own ways.

動物たちはそれぞれの方法で子どもたちに食べ物を与えます。

▶ young「(動物の) 子ども」

274 □
□
□ **domestic**
[dəméstik]

形 家庭の，国内の
動 domesticate「飼い慣らす」
⇔形 international「国外の, 国際的な」

275 □
□
□ **bother**
[báðər]

他動 ～を悩ます，
～に迷惑をかける
動 disturb「じゃまをする」

276 □
□
□ **common**
[kámən]

形 共通の，普通の
⇔形 uncommon「普通でない, まれな」
副 commonly「一般に」

277 □
□
□ **sight**
[sáit]

名 風景，視力

278 □
□
□ **atmosphere**
[ǽtməsfìər]

名 雰囲気，大気

279 □
□
□ **encourage**
[enkə́:ridʒ]

他動 ～を励ます，～を促進する
⇔動 discourage「思いとどまらせる」

280 □
□
□ **remind**
[rimáind]

他動 ～に思い出させる
名 reminder「思い出させる人, 注意」

Every country has its own | domestic | problems.

どの国にもそれぞれの国内問題があります。

Sorry to | bother | you, but can I ask you something?

ご迷惑をかけて申し訳ありませんが，ちょっとお聞きしてもいいですか。

Paying with salt was a | common | practice at the time.

当時，塩による支払いはよくある行為でした。

▶ 033 pay「支払う」 191 practice「行為」 at the time「そのときは」

The storm brought a rare | sight |.

嵐は珍しい光景をもたらしました。

▶ 120 storm「嵐」 254 rare「めずらしい」

The restaurant has a nice | atmosphere |.

レストランはよい雰囲気です。

The article | encourages | readers to donate to the zoo.

記事では，動物園へ寄付するよう読者に呼びかけています。

▶ 202 article「記事」 283 donate「寄付する」

Thanks for | reminding | me about the exam.

試験のことを思い出させてくれてありがとうございます。

▶ 158 exam「試験」

281
☐
☐
☐
handout
[hǽndàut]

名 配布資料，ハンドアウト
名 document「資料」

282
☐
☐
☐
alternative
[ɔːltə́ːrnətiv]

形 代わりの，二者択一の
動 alter「変える」

283
☐
☐
☐
contribute
[kəntríbjuːt]

自動 貢献する，寄付する
他動 〜を与える
名 contribution「貢献」
動 donate「寄付する」

284
☐
☐
☐
laboratory
[lǽbərətɔ̀ːri]

名 研究室，実験室
※略称 lab（読み方：ラブ）

285
☐
☐
☐
subject
[sʌ́bdʒikt]

名 調査対象，話題，科目
形 従属する
他動 〜を服従させる

286
☐
☐
☐
relationship
[riléiʃənʃip]

名 関係
動 relate「関連づける，関わる」

287
☐
☐
☐
diverse
[daivə́ːrs]

形 多様な
名 diversity「多様性」
名 diversion「わきへそらすこと」

More details are written on the handout.

より詳しい情報は配布資料に記載されています。

▶ 143 detail「詳細」

We took the alternative road because of the storm.

嵐のため，代わりの道を使いました。

▶ 120 storm「嵐」

Every student should have something to contribute.

どの学生も何か貢献できることがあるはずです。

Our laboratory has standard equipment.

研究室には標準的な装置があります。

▶ 229 standard「標準の」 206 equipment「装置」

You should change the subject of your research.

研究対象を変えたほうがいいですよ。

▶ 002 research「研究」

I have a good relationship with my parents.

両親との関係は良好です。

We have to respond to diverse needs.

多様なニーズに応えなければなりません。

▶ 452 respond「応答する」

288
civilization
[sìvələzéiʃən]

名 文明
图 culture「文化」

289
religion
[rilídʒən]

名 宗教
形 religious「宗教的な」
图 Buddhism「仏教」

290
historical
[histɔ́(:)rikl]

形 歴史の
形 historic「歴史的に有名な」

291
industrial
[indʌ́striəl]

形 産業の
图 industry「産業」

292
cultural
[kʌ́ltʃərl]

形 文化的な
cultural heritage「文化遺産」

293
revolution
[rèvəljú:ʃən]

名 革命
形 revolutionary「革命の」

294
earn
[ə́:rn]

他動 ～を得る，～を稼ぐ

42

Ancient civilizations developed along rivers.

古代文明は川に沿って発展しました。

▶ 058 ancient「古代の」 185 develop「発展する」

Religion is important to many people.

宗教は多くの人々にとって大切なものです。

The book covers historical events.

その本は歴史的な出来事を扱っています。

▶ 222 cover「取り扱う」

Industrial development often causes pollution.

産業の発展はしばしば公害を引き起こします。

▶ 185 development「発展」 112 cause「引き起こす」 082 pollution「公害」

The ruin is evidence of cultural activity.

遺跡は文化的な活動の証拠です。

▶ 061 ruin「遺跡」 205 evidence「証拠」

The Industrial Revolution has changed our society.

産業革命は私たちの社会を変えました。

▶ 291 industrial revolution「産業革命」 106 society「社会」

I earned a degree in literature.

私は文学の学位を取得しました。

▶ 178 degree「学位」 173 literature「文学」

295 □ □ □	**hire** [háiər]	他動 ～を雇う 名 雇用 動 employ「雇用する」
296 □ □ □	**employee** [emplɔíː, èmplɔíː]	名 従業員 名 employer「雇用主」 名 employment「雇用」
297 □ □ □	**inventory** [ínvəntɔ̀:ri]	名 棚卸し，在庫
298 □ □ □	**advertisement** [ædvərtáizmənt]	名 広告 ※略称 ad（読み方：アド） 動 advertise「宣伝する」 名/形 advertising「広告 / 広告の」
299 □ □ □	**marketing** [máːrkitiŋ]	名 マーケティング 名/動 market「市場 / 売り込む」
300 □ □ □	**strategy** [strǽtədʒi]	名 戦略
301 □ □ □	**supplier** [səpláiər]	名 供給者 名 vendor「売り主」 名 provider「供給者」

43

You should [hire] a tutor.

個別指導をしてくれる人を雇ったほうがいいですよ。

▶ 096 tutor「個別指導員」

The museum will have more [employees] next year.

この美術館は来年従業員を増やす予定です。

▶ 015 museum「美術館」

We take [inventory] every week.

毎週，私たちは棚卸しを行っています。

[Advertisements] influence consumer behavior.

広告は消費者の行動に影響を与えます。

▶ 086 influence「影響を及ぼす」 132 consumer「消費者」 016 behavior「行動」

Apparently, the [marketing] plan was a success.

明らかに，そのマーケティングプランは成功でした。

▶ 241 apparently「明らかに」

We need a better [strategy] to win.

勝つためには，よりよい戦略が必要です。

The company is the biggest [supplier] of paper products.

あの会社は紙製品の最大手の供給者です。

▶ 045 product「製品」

302

forecast
[fɔ́ːrkæ̀st]

名 予報
他動 ～を予想する
動 predict「予言する」

303

save
[séiv]

他動 ～を節約する，～を守る，
　　　～をとっておく
自動 貯蓄する
名 / 形 saving「節約 / 救いの」

304

serve
[sə́ːrv]

他動 （食べ物など）～を出す，
　　　～に仕える

305

refrigerator
[rifrídʒərèitər]

名 冷蔵庫
名 freezer「冷凍庫」

306

laundry
[lɔ́ːndri, láːn-]

名 洗濯

307

community
[kəmjúːnəti]

名 共同体，コミュニティ

308

define
[difáin]

他動 ～を定義する
名 definition「定義」

44

Have you checked the weather forecast?

天気予報を確認しましたか。

▶ 150 check「確かめる」

Using a computer saves time.

コンピューターを使えば時間の節約になります。

The restaurant serves fresh seafood.

そのレストランは新鮮なシーフードを提供しています。

▶ seafood「海産物」

What happened to the food in the refrigerator?

冷蔵庫の中の食べ物はどうなったのですか。

▶ what happened to ...「～はどうなった」

Can you do the laundry today?

今日，洗濯してくれませんか。

▶ do the laundry「洗濯をする」

European settlers built their own community.

ヨーロッパからの入植者たちは自分たちの共同体を築きました。

▶ 042 settler「入植者」

How can we define the term "technology"?

「テクノロジー」という言葉をどう定義できるでしょうか。

▶ 199 term「用語」 004 technology「技術」

309

migrate
[máigreit]

自動 移住する，移動する
名 migration「移住」
名 immigrant「移民」

310

agriculture
[ǽgrikʌ̀ltʃər]

名 農業

311

pesticide
[péstəsàid]

名 農薬，殺虫剤

312

grain
[gréin]

名 穀物，穀粒
a grain of ...「ほんの少しの〜」

313

crop
[krάp]

名 作物，収穫物
名/動 harvest「収穫物 / 収穫する」

314

estimate
[éstəmèit; éstəmət]

他動 〜と予測する
名 見積り

315

architecture
[ά:rkətèktʃər]

名 建物，建築学
名 architect「建築家」
名 skyscraper「高層ビル」

45

The birds [migrate] north to the colder areas.

より寒い地域をめざして，その鳥は北へ移動していきます。

▶ 072 area「地域」

The condition of the field is perfect for [agriculture].

畑の状態は農業に最適です。

▶ 217 condition「状態」 072 field「畑」 perfect for ...「〜に最適な」

Some [pesticides] are not good for the environment.

農薬の中には環境によくないものもあります。

▶ good for ...「〜によい」 079 environment「環境」

Try to eat more vegetables and [grains].

野菜や穀類を多く食べるように心がけなさい。

Corn and cotton are [crops].

トウモロコシや綿は作物です。

▶ corn「トウモロコシ」 cotton「綿」

The sample is [estimated] to be 30 million years old.

このサンプルは3,000万年前のものと推定されています。

▶ 062 sample「サンプル」 142 million「100万」

The city of Chicago is famous for its [architecture].

シカゴの街は建築で有名です。

▶ Chicago「シカゴ（アメリカの都市）」 be famous for ...「〜で有名である」

---

316 □
□
□
trail
[tréil]

名 小道

317 □
□
□
vehicle
[víːəkl]

名 乗り物
图 vessel「船舶」
图 automobile「自動車」

318 □
□
□
passenger
[pǽsəndʒər]

名 乗客

319 □
□
□
railroad
[réilròud]

名 鉄道
图 railway「鉄道」

320 □
□
□
flight
[fláit]

名 フライト，飛行便

321 □
□
□
direct
[dairékt, də-]

形 直行の，直接の
他動 ～を監督する
自動 指揮する
图 director「監督者」

322 □
□
□
departure
[dipáːrtʃər]

名 出発
⇔ 图 arrival「到着」

46

The ⌈trail⌉ has fences on both sides.

その小道の両側にはフェンスがあります。

All ⌈vehicles⌉ must pay for registration.

すべての車両は登録のために支払う必要があります。

▶ 033 pay「支払う」 031 registration「登録」

The ship can carry many ⌈passengers⌉.

あの船は多くの乗客を乗せることができます。

The ⌈railroad⌉ has been developed over time.

鉄道は長い時間をかけて発展してきました。

▶ 185 develop「発展する」 over time「時間をかけて」

What time is your ⌈flight⌉?

あなたのフライトは何時ですか。

Are you taking a ⌈direct⌉ flight or a connecting flight?

直行便ですか，それとも乗り継ぎ便ですか。

▶ 320 direct flight「直行便」 320 connecting flight「乗り継ぎ便」

How much time do we have before ⌈departure⌉?

出発までどのくらい時間がありますか。

323 □
□
□
overwhelming
[òuvərhwélmiŋ]

形 圧倒的な

324 □
□
□
afford
[əfɔ́ːrd]

他動 ～する余裕がある

325 □
□
□
establish
[istǽbliʃ]

他動 ～を設立する，～を創立する
图 establishment「設立」
動 found「設立する」

326 □
□
□
insurance
[inʃúərəns]

名 保険
動 insure「保険をかける」

327 □
□
□
characteristic
[kæ̀rəktərístik]

名 特徴
形 特徴的な
图 trait「特徴」

328 □
□
□
criteria
[kraitíəriə]

名 基準

329 □
□
□
pattern
[pǽtərn]

名 様式，パターン

47

The class requirements were overwhelming.

その授業で求められるものは厳しくて大変でした。

▶ 074 requirement「要求されるもの」

Can we afford a new telescope?

新しい望遠鏡を買う余裕があるのですか。

▶ 103 telescope「望遠鏡」

They established a chain of grocery stores.

彼らはチェーンの食料品店を設立しました。

▶ 126 chain「チェーン店」 049 grocery「食料雑貨店」

The company offers health insurance for its employees.

この会社は従業員に健康保険を提供します。

▶ 027 offer「提供する」 296 employee「従業員」

This characteristic helps rabbits escape from predators.

この特性はウサギが捕食者から逃れるのに役立ちます。

▶ 195 escape「逃れる」 272 375 predator「捕食者」

The professor explained the grading criteria.

教授は採点基準について説明を行いました。

▶ 165 explain「説明する」 grading「採点」

Every zebra has different stripe patterns.

シマウマは一頭ごとに縞のパターンが異なります。

▶ zebra「シマウマ」 stripe「しま」

330

analyze
[ǽnəlàiz]

他動 〜を分析する
图 analysis「分析」
動 examine「審査する，調査する」

331

restore
[ristɔ́ːr]

他動 〜を修復する，〜を復元する
图 restoration「修復」

332

achieve
[ətʃíːv]

他動 〜を成し遂げる
自動 到達する
图 achievement「達成」
動 accomplish「成し遂げる」

333

colony
[kάləni]

名 植民地，（生物の）集団
图 colonist「植民地開拓者」
動 colonize「植民地化する」
形 colonial「英国植民地時代の」

334

tribe
[tráib]

名 部族
图 folk「民族」

335

surrounding
[səráundiŋ]

形 周囲の
名 環境
動 surround「囲む」

336

diplomat
[dípləmæt]

名 外交官
图 diplomacy「外交」
government official「政府高官」

48

As you listen, try to [analyze] its complicated pattern.

聴きながら，その複雑なパターンを分析してみてください。

▶ 225 complicated「複雑な」 329 pattern「パターン」

They are working to [restore] nature in the area.

彼らはこの地域の自然を取り戻すために活動しています。

▶ 072 area「地域」

Many students [achieve] a high standard of learning.

多くの学生が高水準の学習を実現しています。

▶ 229 standard「基準」

European immigrants moved into the [colonies].

ヨーロッパからの移民が植民地に移り住みました。

▶ 309 immigrant「移民」 111 move「引っ越す」

The indigenous [tribes] still practice their culture.

その先住民族は，今でも独自の文化を実践しています。

▶ 038 indigenous「固有の」 191 practice「行う」 288 culture「文化」

The project is for the [surrounding] area of the city.

このプロジェクトは都市周辺部のためのものです。

▶ 072 area「範囲」

The American [diplomat] purchased the land of Alaska.

アメリカの外交官がアラスカの土地を購入しました。

▶ 046 purchase「購入する」 Alaska「アラスカ（アメリカの州）」

| 1回目 | 年 月 日 /7 | 2回目 | 年 月 日 /7 | 3回目 | 年 月 日 /7 | 達成率 67 % |

生き物の名前からヒントをキャッチ！

TOEFL によく登場する生き物の名前をご紹介します。全部細かく覚える必要はありませんが，試験で出てきたときに単語として認識できること，生態をイメージできることが大切です。自分が好きな動物の名前などから単語を眺めて慣れておくようにしましょう。トピックを早くつかめた方が内容を把握しやすくなり，スコアアップにつなげることができます。

昆虫系の生き物

ant アリ

bee ハチ　種類によっては wasp と呼ばれる

beetle 甲虫　主にカブトムシやクワガタ

spider クモ　※正式な分類上はクモ科。昆虫ではない

scorpion サソリ　※正式な分類上はクモ科。昆虫ではない

アメリカの歴史と関係が深い生き物

buffalo バッファロー　**parrot** オウム　**deer** シカ

海の生き物

seal アザラシ　**starfish** ヒトデ　**jellyfish** クラゲ

空を飛ぶ生き物

owl フクロウ　**crane** ツル　**seagull** カモメ

北極に住む生き物

polar bear ホッキョクグマ　　**Arctic fox** ホッキョクギツネ

変わった特徴のある生き物

chameleon カメレオン　　**porcupine** ヤマアラシ
skunk スカンク

似ているけど異なる生き物

moth 蛾

> butterfly（蝶）とは種類が異なる。枝などにとまる際，蝶は羽を閉じるが，蛾は羽を広げる（例外も多い）。試験で登場したときは蝶の生態をイメージして差し支えない。

toad ヒキガエル

> 毒を持ち，皮膚がでこぼこした種。大きなくくりで frog（カエル）に含めるという考え方と，frog を皮膚がツルツルした毒を持たないアマガエルのような種のみに限定し，toad はそこから独立させて区別する考え方がある。

tortoise リクガメ

> カメの総称 turtle は主にウミガメを指すのに対し，tortoise は陸に生息する種。ウミガメは流線形の甲羅をもつのに対し，リクガメの甲羅は丸みを帯びている。また，ウミガメの足はヒレ状だがリクガメの足はがっしりと太い，など特徴の違いがある。

337 □
□
□ **consider**
[kənsídər]

他動 ～をよく考える，
～を考慮に入れる

338 □
□
□ **previous**
[prí:viəs]

形 以前の，先の
副 previously「以前に」

339 □
□
□ **possible**
[pá:səbl]

形 可能な，見込みのある
⇔ 形 impossible「不可能な」

340 □
□
□ **circumstance**
[sə́:rkəmstæns]

名 状況，事情

341 □
□
□ **normal**
[nɔ́:rml]

形 正常な，標準の
⇔ 形 abnormal「異常な」
名 norm「社会規範」
副 normally「普通は」

342 □
□
□ **opportunity**
[àpərtjú:nəti]

名 機会
名 chance「機会」

343 □
□
□ **occasional**
[əkéiʒənl]

形 特別な場合のための，時折の
名 occasion「特別な出来事」

49

When choosing clothes, you should consider weather.

服を選ぶときには，天気を考慮に入れるべきです。

▶ 384 clothes「服」

The previous assignment was easier.

以前の課題のほうが簡単でした。

▶ 157 assignment「課題」

There are many possible answers to this question.

この問いにはさまざまな答えが考えられます。

Do your best under any circumstance.

どんな状況でもベストを尽くしなさい。

My temperature is back to normal.

体温は正常に戻りました。

▶ 125 temperature「体温」

You missed a good opportunity.

よい機会を逃しましたね。

The company has occasional employees in summer.

その会社では，夏には特別な場合のための従業員がいます。

▶ 296 employee「従業員」

344

arrange
[əréindʒ]

他動 ～を手配する

345

borrow
[bɔ́(:)rou, bárou]

他動 ～を借りる
動 lend「貸す」
動/名 rent「借りる / 家賃」

346

focus
[fóukəs]

自動 焦点を当てる，集中する
名 焦点

347

local
[lóukl]

形 地元の，局地的な
動 localize「地域に合わせる」

348

brief
[brí:f]

形 簡潔な，短時間の
副 briefly「手短に」

349

satisfied
[sǽtisfàid]

形 満足した
動 satisfy「満足させる」

350

management
[mǽnidʒmənt]

名 管理，経営
動 manage「どうにかして～する」

50

Please [arrange] your own accommodation.

宿泊はご自身で手配してください。

▶ 006 accommodation「宿泊施設」

Can I [borrow] your calculator?

電卓を借りていいですか。

▶ 043 calculator「電卓」

Our next class will [focus] on marketing strategy.

次の授業ではマーケティング戦略に焦点を当てます。

▶ 299 marketing「マーケティング」 300 strategy「戦略」

The article was in a [local] newspaper.

その記事は地方紙に載っていました。

▶ 202 article「記事」

Let me add a [brief] explanation.

簡単に説明を加えましょう。

▶ 152 add「加える」 165 explanation「説明」

I'm [satisfied] with my grade.

自分の成績に満足しています。

▶ 156 grade「成績」

I'm interning in a school [management] program.

学校管理プログラムのインターンをしています。

▶ 218 intern「インターンとして勤務する」

351
unless
[ənlés]

接 〜しない限り

352
ideal
[aidí:əl]

形 理想的な
名 理想
名 idealism「理想主義」

353
coal
[kóul]

名 石炭

354
reward
[riwɔ́:rd]

他動 〜に報いる
名 報酬

355
advantage
[ədvǽntidʒ]

名 有利, 利益
他動 〜に役立つ,
　　〜を有利な地位につける
⇔ 名 disadvantage「不利」

356
rapidly
[rǽpidli]

副 急速に
形 rapid「急速な」

357
demonstrate
[démənstrèit]

他動 〜を明らかに示す,
　　〜を証明する
自動 デモをする
名 demonstration「実演, 証明」

51

[Unless] you pay the fine, you cannot borrow new books.

罰金を支払わない限り，新たな本を借りることはできません。

▶ 033 pay「支払う」 030 fine「罰金」 345 borrow「借りる」

The internship program is [ideal] for juniors.

そのインターンシッププログラムは，3年生にとって理想的です。

▶ 218 internship「インターンシップ」 077 junior「3年生」

[Coal] and oil are fossil fuels.

石炭と石油は化石燃料です。

▶ oil「石油」 063 / 167 fossil fuel「化石燃料」

We should eat out to [reward] ourselves.

自分たちへのご褒美に外食しましょう。

▶ eat out「外食する」 reward oneself「自分に褒美を出す」

The products have a unique [advantage].

その製品には独特の利点があります。

▶ 045 product「製品」 254 unique「独特の」

The amount of trash is [rapidly] increasing.

ごみの量は急速に増えています。

▶ 089 amount「量」 139 trash「ごみ」 090 increase「増える」

You can [demonstrate] your skills at work.

職場であなたのスキルを発揮できますよ。

▶ 147 skill「スキル」

358

pharmacy

[fáːrməsi]

名 薬局
名 pharmacist「薬剤師」
名 drugstore「ドラッグストア」

359

prescription

[priskrípʃən]

名 処方箋

360

dizzy

[dízi]

形 めまいがする，ふらふらする

361

checkup

[tʃékʌp]

名 健康診断

362

cure

[kjúər]

名 治療法，解決法
他動 ～を治す，～を癒す
動 heal「治す」
動/名 remedy「治療する / 治療法」

363

allergy

[ǽlərdʒi]

名 アレルギー
形 allergic「アレルギーの」
名 rash「発疹」

364

patient

[péiʃənt]

形 忍耐強い
名 患者

52

The pharmacy is next to the museum.

薬局は美術館の隣にあります。

▶ **015** museum「美術館」

Do you have a prescription with you?

処方箋はお持ちですか。
_{せん}

I always get dizzy in cars.

車の中ではいつもめまいがします。

I can't postpone my checkup.

健康診断は延期できません。

▶ **240** postpone「延期する」

Do you know a cure for toothaches?

歯痛の治療法をご存じですか。

▶ **246** toothache「歯の痛み」

I have bad allergies but can't find my medicine.

アレルギーがひどいのですが，薬が見つからないのです。

▶ **235** medicine「薬」

Just be patient. It'll take some time.

我慢してください。少し時間がかかります。

▶ take time「時間をかける」

365
encounter
[enkáuntər]

他動 ～に偶然出会う
名 遭遇

366
decision
[disíʒən]

名 決定，決断
图 determination「決意」

367
cage
[kéidʒ]

名 鳥かご，檻
他動 ～を檻に入れる
图 cell「細胞，個室」

368
distribute
[distríbjət]

他動 ～を配布する
图 distribution「配分」
hand out「配る」

369
replace
[ripléis]

他動 ～に取って代わる
图 replacement「取り替え品」
動/图 exchange「交換する / 交換」

370
manipulate
[mənípjəlèit]

他動 ～を巧みに扱う，
　　　～を操作する

371
entire
[entáiər]

形 全体の
副 entirely「完全に」
形/图 whole「すべての / 全体」

53

This book is about how to survive a bear encounter .

この本は，クマに遭遇した際にどう生き延びるかについて述べています。

▶ 270 survive「生き残る」

You made the right decision .

あなたは正しい決断をしました。

Zoos keep animals in cages .

動物園では，動物を檻の中で飼育しています。

The professor will distribute the handout.

教授がプリントを配布する予定です。

▶ 281 handout「配布資料」

The parts cost a lot to replace .

その部品は取り替えるのに多くのコストがかかります。

The architect is good at manipulating space.

その建築家は空間を巧みに扱うことが上手です。

▶ 315 architect「建築家」 be good at ...「～が得意である」

I read the entire novel.

その小説を全部読みました。

▶ 173 novel「小説」

372
continent
[kɑ̀ntənənt]

名 大陸

373
adjust
[ədʒʌ́st]

自動 適応する
他動 ～を調節する
名 adjustment「調整」

374
distinguish
[distíŋgwiʃ]

他動 ～を識別する
名 distinction「区別」
形 distinctive「特色のある」
形 distinct「他と違った，別個の」

375
prey
[préi]

名 獲物
⇔ 名 predator「捕食者」

376
hatch
[hǽtʃ]

自動 卵がかえる
lay an egg「たまごを産む」

377
offspring
[ɔ́(:)fsprìŋ]

名 子孫
名 descendant「子孫」

378
hibernate
[háibərnèit]

自動 冬眠する
名 hibernation「冬眠」

54

The world has seven ⌞continents⌟.

世界には７つの大陸があります。

People ⌞adjust⌟ to their environment.

人は環境に適応します。

▶ 079 environment「環境」

There are many ways to ⌞distinguish⌟ two samples.

２つのサンプルを見分ける方法はたくさんあります。

▶ 062 sample「サンプル」

Frogs are ⌞prey⌟ for snakes.

カエルはヘビの獲物です。

Eggs of many bird species ⌞hatch⌟ in spring.

多くの種類の鳥のたまごは春に孵化します。

▶ 017 species「種」

Children are the ⌞offspring⌟ of their parents.

子どもは親の子孫です。

Bears ⌞hibernate⌟ for two to seven months.

２か月から７か月の間，クマは冬眠します。

379

habit
[hǽbit]

名 癖，習慣

380

exhibit
[igzíbit]

他動 ～を展示する
名 展示
图 exhibition「展示会」
動 display「飾る」

381

anniversary
[æ̀nivə́ːrsəri]

名 記念日，～周年
图 celebration「お祝い」
動 celebrate「祝う」

382

tour
[túər]

名 ツアー
他動 ～を旅行する
guided tour「ガイド付きツアー」
图 tourism「観光業」
图 sightseeing「観光」

383

match
[mǽtʃ]

名 試合
自動 似合う
图 game「試合」

384

clothing
[klóuðiŋ]

名 衣料品
图 clothes「服」

385

sleeve
[slíːv]

名 袖
形 long-sleeved「長袖の」
名/動 tailor「仕立屋 / 合わせる」

55

The survey analyzed the eating [habits] of children.

調査は子どもたちの食習慣を分析しました。

▶ **183** survey「調査」 **330** analyze「分析する」

The center is [exhibiting] flowers.

センターは花を展示しています。

I organized an [anniversary] dinner for my parents.

私は両親のために記念日のディナーを計画しました。

▶ **200** organize「計画する」

The museum offers a [tour] to children.

美術館は子ども向けのツアーを開催しています。

▶ **015** museum「美術館」 **027** offer「提供する」

Are you going to see the [match]?

試合を見ますか。

[Clothing] prices decrease at the end of the year.

年末には衣料品の価格が下がります。

▶ **085** price「価格」 **090** decrease「減る」

I'd like to have the [sleeves] of this jacket shortened.

このジャケットの袖を短くしてほしいのですが。

▶ **227** shorten「短くする」

386
electronic
[ilèktránik]

形 電子の
名 electricity「電気」
形 electric「電気の」

387
manual
[mænjuəl]

名 手引き
形 手動の
reference book「参考（になる）書」

388
ban
[bǽn]

他動 〜を禁止する
動 prohibit「禁ずる」

389
approve
[əprúːv]

他動 〜を承認する
自動 賛成する
名 approval「賛成，承認」

390
maintain
[meintéin]

他動 〜を維持する
名 maintenance「維持」

391
dramatically
[drəmǽtikli]

副 劇的に

392
effort
[éfərt]

名 努力

56

[Electronic] books are available.

電子書籍が利用できます。

▶ 001 available「利用できる」

You should read the instruction [manual].

取り扱いの手引書を読むべきです。

▶ 180 instruction「説明書」

The government should [ban] the use of pesticides.

政府は農薬の使用を禁止すべきです。

▶ 263 government「政府」 311 pesticide「農薬」

My academic advisor [approved] my classes.

指導教官は私の授業を承認してくれました。

▶ 052 / 092 academic advisor「指導教官」

We try to [maintain] the quality of products.

製品の品質維持に努めています。

▶ 047 quality「質」 045 product「製品」

My health condition has improved [dramatically].

私の健康状態は劇的によくなりました。

▶ 217 condition「状態」 192 improve「よくなる」

The result was worth the [effort].

努力の価値がある結果でした。

▶ 204 result「結果」 146 worth「～の価値がある」

393 □
□
□ **outline**
[áutlàin]

名 概要，アウトライン
他動 〜を概説する
名/動 draft「草案 / 原稿を書く」

394 □
□
□ **deny**
[dinái]

他動 〜を否定する
動 refuse「断る」

395 □
□
□ **disposal**
[dispóuzl]

名 処分，処理
動 dispose「処理する」

396 □
□
□ **waste**
[wéist]

他動 〜を無駄にする
自動 浪費する
名 廃棄物，浪費
形 不毛の

397 □
□
□ **obtain**
[əbtéin]

他動 〜を得る，〜を手に入れる

398 □
□
□ **description**
[diskrípʃən]

名 解説，記述
動 describe「説明する」

399 □
□
□ **typical**
[típikl]

形 典型的な
名 type「型，種類」
副 typically「典型的に」

57

Now, fill in the ⌞outline⌟ with the details.

さて，アウトラインに詳細を記入してください。

▶ fill in ...「〜に記入する」 143 detail「詳細」

Are you ⌞denying⌟ my request?

私の要求を拒否しているのですか。

Garbage ⌞disposal⌟ is becoming a problem in many cities.

多くの都市では，ごみの処理が問題になっています。

▶ 139 garbage「ごみ」

Don't ⌞waste⌟ your time.

時間を無駄にしないでください。

The scientists ⌞obtained⌟ the tissue samples.

科学者たちは組織の標本を手に入れました。

▶ 437 scientist「科学者」 248 tissue「組織」 062 sample「標本」

Let's read the ⌞description⌟ of the exhibit.

展示物の解説を読みましょう。

▶ 380 exhibit「展示」

Warm colors are ⌞typical⌟ of the artist.

あたたかな色使いはこの芸術家の典型です。

| 400 □ □ □ **reject**
[ridʒékt] | 他動 ～を拒否する,
～を不合格にする

動 decline「断る」
動 resist「抵抗する」 |

| 401 □ □ □ **claim**
[kléim] | 自動 権利を主張する,
損害賠償を請求する

名 要求, 主張 |

| 402 □ □ □ **limited**
[límitid] | 形 限られた
⇔ 形 unlimited「限りない」
動 limit「制限する」 |

| 403 □ □ □ **comfortable**
[kʌ́mftəbl] | 形 落ち着いた, 快適な
名/動 comfort「快適さ / 慰める」 |

| 404 □ □ □ **content**
[kántent; kəntént] | 名 中身, 要旨
形 満足している |

| 405 □ □ □ **role**
[róul] | 名 役割 |

| 406 □ □ □ **manufacture**
[mæ̀njəfǽktʃər] | 自動 製造する
名 製造
manufacturing plant「製造工場」 |

132

58

The public [rejected] the new technology.

世間はこの新技術を拒否しました。

▶ 210 public「一般の人々」　004 technology「技術」

People [claimed] larger lands for agriculture.

農業のため，人々はより広い土地の権利を主張しました。

▶ 310 agriculture「農業」

Course choices are [limited].

コースの選択肢は限られています。

▶ 462 choice「選択」

I don't feel [comfortable] with my roommate.

ルームメイトと一緒にいると落ち着きません。

▶ 116 roommate「ルームメイト」

A book cover is as important as its [contents].

本のカバーは中身と同じくらい大切です。

▶ 222 cover「カバー」

What's the [role] of muscle tissue?

筋肉組織の役割は何ですか。

▶ 247 muscle「筋肉」　248 tissue「組織」

The product is difficult to [manufacture].

その製品は製造するのが困難です。

▶ 045 product「製品」

407
investment
[invéstmənt]

名 投資
動 invest「投資する」

408
property
[prápərti]

名 財産，土地，建物
real estate「不動産」

409
tax
[tǽks]

名 税
图 taxation「課税」

410
extension
[iksténʃən]

名 延長
形 extensive「広い」
動 extend「延長する」

411
profit
[práfət]

名 利益
自動 利益を得る
形 profitable「もうけの多い」

412
benefit
[bénəfit]

自動 利益を得る
他動 ～のためになる
名 利益
形 beneficial「有益な」

413
expand
[ikspǽnd]

他動 ～を拡張する
图 expansion「拡大」

59

Buying the textbook will be a good investment.

教科書を買うことは，よい投資となるでしょう。

▶ 046 buy「買う」

In this class, we will learn how to save our property.

この授業では，財産を守る方法について学びます。

▶ 303 save「守る」

I have to calculate my taxes **for this year.**

今年の税金を計算しなければなりません。

▶ 043 calculate「計算する」

In that case, you can ask for an assignment extension.

そのような場合には，課題の延長を願い出ることができますよ。

▶ 157 assignment「課題」

A marketing strategy impacts a company's profit.

マーケティング戦略は会社の利益に影響します。

▶ 299 marketing「マーケティング」 300 strategy「戦略」
086 impact「影響を与える」

Students will benefit **from studying biology.**

生物学を学ぶことは学生にとって有益なことです。

▶ 019 biology「生物学」

The U.S. expanded **its market into Mexico.**

アメリカはメキシコに市場を拡大しました。

▶ The U.S. = The United States「米国」 299 market「市場」

414
prevent
[privént]

他動 ～を防ぐ，～を妨げる
名 prevention「防止」

415
psychological
[sàikəládʒikl]

形 心理的な
⇔ 形 physical「身体的な」
名 psychology「心理学」
名 psychiatrist「精神科医」

416
consequence
[kánsəkwèns]

名 結果，結論
副 consequently「その結果」

417
responsibility
[rispànsəbíləti]

名 責任
形 responsible「責任がある」

418
oppose
[əpóuz]

他動 ～に反対する
名 opponent「敵」
名 opposition「抵抗」

419
external
[ikstə́ːrnl]

形 外部の，外側の
⇔ 形 internal「内側の」

420
destroy
[distrɔ́i]

他動 ～を破壊する

60

This course will focus on how to `prevent` **disease.**

このコースでは病気を予防する方法に焦点を当てます。

▶ 346 focus「焦点を当てる」 232 disease「病気」

Writing by hand has `psychological` **benefits.**

手で書くことには心理的な利益があります。

▶ 412 benefit「利益」

Think about the `consequences` **before you act.**

行動する前に結果を考えなさい。

It's our `responsibility` **to protect natural diversity.**

自然の多様性を守るのは私たちの責任です。

▶ 187 protect「守る」 287 diversity「多様性」

The public will `oppose` **the new policy.**

国民は新たな政策に反対するでしょう。

▶ 210 public「国民」 266 policy「政策」

You should consider `external` **factors.**

外的要因を考慮するべきです。

▶ 337 consider「考慮に入れる」 186 factor「要因」

Climate change is `destroying` **the environment.**

気候変動が環境を破壊しています。

▶ 124 climate「気候」 079 environment「環境」

英単語の中には，複数のパーツから構成されているものがあります。

例えば，production は次の３つのパーツに分かれます。

ここを見て！　045 production「生産」

接頭辞	語幹	接尾辞
語幹の前につき，方向性を与える	意味の核になる	語幹の後ろにつく

pro ＋ duct ＋ ion

〜の前へ　　　　　導く　　　　　こと（名詞を作る）

形にして前へ導くことが「生産」です。このように一語をパーツで分けて認識できるようにしておくことで，覚えやすいだけでなく，初めての単語に出くわしても意味の予想がつけられるようになります。

後ろに duction「導くこと」がつく，他の言葉で検証してみましょう。

intro（中に）**＋ duct ＋ ion**（導くこと）
＝ introduction「紹介」

別の接頭辞の後に production「生産」をそのままつけることもできます。

ここを見て！　021 reproduction「複製，繁殖」

re（再び）**+ pro + duct + ion**（生産すること）

= reproduction「再生産 ⇒ 複製，繁殖」

代表的な接頭辞はこちらです。

接頭辞	意味	単語例
co com con	ともに	307 community「ともに与え合うもの⇒共同体」 439 compose「一緒に置く⇒構成する」
dis	個々に，離れて	368 distribute「個々に与える⇒配布する」 395 dispose「離れて置く⇒処理する」
en	中に	008 enroll「中に巻く⇒入学する」 079 environment「中に回転するもの⇒環境」
im in	中に	086 impact「中に結ぶ⇒影響を与える」 109 impress「中に押す⇒印象を与える」
pre	事前に	075 prerequisite「事前に必要なもの⇒必要条件」 359 prescription「事前に文字を刻んだもの⇒処方箋」
re	再び，後ろへ，もとへ	002 research「再び探る⇒研究する」 107 receive「再び受ける⇒受け取る」
un	〜ない	490 unfortunately「幸運ではないことに⇒あいにく」

このようにパーツを意識しながら単語を覚えることで，かけ算式に単語力を伸ばすことができます。

421
extreme
[ikstríːm]

形 極端な
副 extremely「非常に」

422
painting
[péintiŋ]

名 絵, 水彩画

423
sculpture
[skʌ́lptʃər]

名 彫刻
他動 〜を彫る, 〜を彫刻する
名 sculptor「彫刻家」
名 statue「像」

424
draw
[drɔ́ː]

他動 〜を描く, 〜を引く
名 drawing「線画」
名 drawer「引き出し」
名 drawback「欠点」

425
modern
[mɑ́dərn]

形 現代の
形 current「現在の」

426
valuable
[vǽljuəbl]

形 価値がある
名 貴重品
名 value「価値」

427
deserve
[dizə́ːrv]

他動 〜に値する,
〜される価値がある
自動 賞に値する

61

How do insects survive extreme conditions?

昆虫はどのように極限状態を生き延びるのでしょうか。

▶ 041 insect「昆虫」 270 survive「生き残る」 217 condition「状態」

The painting has an interesting history.

この絵には興味深い歴史があります。

Are you going to see the sculpture exhibition?

彫刻展を見にいきますか。

▶ 380 exhibition「展示会」

When did Leonardo Da Vinci draw his self-portrait?

レオナルド・ダ・ヴィンチが自画像を描いたのはいつですか。

▶ self-portrait「自画像」

Modern art is influenced by ancient art.

現代アートは古代の美術から影響を受けています。

▶ 086 influence「影響を及ぼす」 058 ancient「古代の」

Not all fossils are valuable for genetic research.

すべての化石が遺伝子研究にとって価値があるわけではありません。

▶ 063 fossil「化石」 269 genetic「遺伝子の」 002 research「研究」

Your effort deserves the grade.

あなたの努力はその成績に値します。

▶ 392 effort「努力」 156 grade「成績」

1回目	年 月 日 ／7	2回目	年 月 日 ／7	3回目	年 月 日 ／7	達成率 85 %

141

428 □
□
□
repair
[ripéər]

他動 ～を修理する
名 修理
動 fix「固定する，修理する」

429 □
□
□
mention
[ménʃən]

他動 ～を話に出す
名 言及すること
Don't mention it.「(感謝の言葉への返答で) どういたしまして。」

430 □
□
□
solve
[sálv]

他動 ～を解決する
名 solution「解決策」

431 □
□
□
precise
[prisáis]

形 正確な
副 precisely「正確に」

432 □
□
□
relatively
[rélətivli]

副 比較的
名/形 relative「親戚 / 比較上の」

433 □
□
□
complain
[kəmpléin]

自動 文句を言う，苦情を言う
名 complaint「不平，ぐち」

434 □
□
□
remarkable
[rimá:rkəbl]

形 注目すべき
形 notable「注目に値する」

62

Can you [repair] the equipment?

この機器を修理できますか。

▶ 206 equipment「機器」

Why did the professor [mention] transportation?

なぜ教授は輸送手段について述べたのでしょうか。

▶ 154 transportation「輸送手段」

Please help me [solve] this problem.

この問題を解決するのを手伝ってください。

Can you give us a more [precise] description?

より明確な説明をいただけますか。

▶ 398 description「解説」

The store is [relatively] new.

あの店は比較的新しいです。

They always [complain] about the traffic noise.

彼らはいつも交通の騒音について文句を言っています。

▶ 478 traffic「交通」

Publishing a book is a [remarkable] achievement.

本を出版することは注目すべき達成です。

▶ 169 publish「出版する」 332 achievement「達成」

435

budget
[bʌ́dʒət]

名 予算

436

advanced
[ədvǽnst]

形 上級の，発展した
⇔ 形 introductory「初歩の」

437

scientific
[sáiəntífik]

形 科学の
名 science「科学」
名 scientist「科学者」

438

chemical
[kémikl]

形 化学の
名 化学物質
chemical reaction「化学反応」
名 chemistry「化学」

439

compose
[kəmpóuz]

他動 ～を構成する
自動 作曲する
名 composition「構成」
名 composer「作曲家」

440

oxygen
[áksidʒən]

名 酸素
名 hydrogen「水素」

441

structure
[strʌ́ktʃər]

名 構造
他動 ～を組み立てる

What's your ⌑budget⌑?

予算はどれくらいですか。

I am enrolled in an ⌑advanced⌑ math course.

私は数学の上級コースに在籍しています。

▶ 008 enroll「入る」 math＝mathematics「数学」

This is a ⌑scientific⌑ experiment.

これは科学的な実験です。

▶ 184 experiment「実験」

The ⌑chemical⌑ pesticide was tested for its safety.

その化学農薬は安全性の検査を受けました。

▶ 311 pesticide「農薬」 158 test「検査する」

The university is ⌑composed⌑ of six departments.

大学は6つの学科で構成されています。

▶ 014 department「学科」

Fire consumes ⌑oxygen⌑.

火は酸素を消費します。

▶ 132 consume「消費する」

The organization's ⌑structure⌑ is complicated.

その組織の構造は複雑です。

▶ 200 organization「組織」 225 complicated「複雑な」

442

acceptance

[əkséptəns]

名 受容

動 accept「受け入れる」

443

enable

[enéibl]

他動 ～を可能にさせる

444

gain

[géin]

他動 ～を得る

名 利益

⇔ 動 lose「失う」

445

originally

[ərídʒənəli]

副 最初に

446

decide

[disáid]

他動 ～を決める

447

almost

[ɔ́:lmoust]

副 もう少しで

448

transmit

[trænsmít]

他動 ～を送る，～を伝染させる，
～を伝導する

64

I heard about your [acceptance] to the summer program.

サマープログラムに受かったと聞きましたよ。

An internship [enables] students to develop real skills.

インターンシップで学生たちは実際のスキルを伸ばすことができます。

▶ **218** internship「インターンシップ」 **185** develop「発展する」
147 skill「スキル」

We are trying to [gain] financial support.

経済的な支援を得ようと試みています。

▶ **133** financial「経済的な」 **035** support「支援」

Paper making [originally] began in China.

紙作りは最初に中国で始まりました。

I [decided] to change my field of study.

研究分野を変えることを決めました。

▶ **072** field「分野」

I [almost] forgot about the appointment.

予約したことをもう少しで忘れるところでした。

▶ **151** appointment「予約」

This equipment can [transmit] images onto screens.

この機器は映像をスクリーンに映し出すことができます。

▶ **206** equipment「機器」

449
sophisticated
[səfístikèitid]

形 洗練された
形 delicate「上品な」

450
wealthy
[wélθi]

形 裕福な
名 wealth「富」

451
allow
[əláu]

他動 〜を許す
動 permit「許可する」

452
respond
[rispánd]

自動 応答する
名 response「応答」
動 reply「返事をする」

453
rather
[rǽðər, rá:ðə]

副 〜というよりむしろ

454
conference
[kánfərəns]

名 会議

455
hardly
[há:rdli]

副 ほとんど〜ない
副 barely「ほとんど〜ない」

65

The museum has ⌊sophisticated⌋ pictures.

その美術館には洗練された絵があります。

▶ **015** museum「美術館」

Their main customers were ⌊wealthy⌋ artists.

彼らの主な顧客は裕福な芸術家たちでした。

▶ **066** main「主な」 **132** customer「顧客」

The professor will not ⌊allow⌋ anyone to leave early.

教授はだれにも早く退出することを許しません。

The speaker ⌊responded⌋ to the question.

その質問に話し手は応えました。

I'd ⌊rather⌋ sleep than go see the movie.

映画を観に行くよりむしろ寝ていたい。

Can we use the ⌊conference⌋ room?

会議室を使えますか。

I can ⌊hardly⌋ see the difference.

ほとんど違いがわかりません。

456 □ □ □ **tradition** [trədíʃən]	名 伝統 圀 custom「風習」
457 □ □ □ **artificial** [àːrtifíʃl]	形 人工的な 圀 fake「偽の」
458 □ □ □ **essential** [isénʃl]	形 本質的な，不可欠の 圀 crucial「重要な」
459 □ □ □ **recommend** [rèkəménd]	他動 ～を推薦する 圀 recommendation「推薦」
460 □ □ □ **positive** [pázətiv]	形 実用的な，積極的な 名 積極性 ⇔ 形 negative「否定的な」
461 □ □ □ **distance** [dístəns]	名 距離
462 □ □ □ **selection** [səlékʃən]	名 選択 動 select「選ぶ」 圀 choice「選択」

66

Native Americans have kept their traditions **alive.**

アメリカ先住民はその伝統を守り続けています。

▶ 038 Native American「アメリカ先住民」

Artificial **light can affect human health.**

人工光は人間の健康に影響を与える可能性があります。

▶ 086 affect「悪い影響を与える」

Water is essential **to life.**

水は生命の維持に不可欠です。

Can you recommend **a good novel?**

よい小説を推薦してくれませんか。

▶ 173 novel「小説」

We talked about the positive **aspects of technology.**

私たちは技術の実用的な側面について話しました。

▶ 168 aspect「面」 004 technology「技術」

The place is within walking distance **of campus.**

その場所はキャンパスから徒歩圏内です。

▶ 113 campus「大学のキャンパス」

The art shop has a good selection **of sculptures.**

そのアート店は彫刻の品ぞろえが豊富です。

▶ 423 sculpture「彫刻」

463 ☐ ☐ ☐	**rate** [réit]	名 割合，速度 圏 ratio「比率」
464 ☐ ☐ ☐	**belonging** [bilɔ́(:)ŋiŋ]	名 所持品，財産 belong to ...「～に属する」
465 ☐ ☐ ☐	**awake** [əwéik]	形 眠らずにいる 他動 ～を起こす 自動 目が覚める ⇔ 副 asleep「眠って」
466 ☐ ☐ ☐	**oversleep** [óuvərslì:p]	自動 寝坊をする，寝過ごす
467 ☐ ☐ ☐	**suppose** [səpóuz]	他動 ～と思う， ～であると期待する
468 ☐ ☐ ☐	**ignore** [ignɔ́:r]	他動 ～を無視する
469 ☐ ☐ ☐	**hang** [hǽŋ]	他動 ～をかける 自動 ぶら下がっている hang out「一緒に時間を過ごす」 hang on「電話を切らずに待つ」 hang up「電話を切る」

67

The crime rate in the city is decreasing.

都市での犯罪率は下がっています。

▶ 475 crime「犯罪」　090 decrease「減る」

Put your belongings in a box.

持ち物を箱に入れてください。

I don't know if I can stay awake.

起きていられるかどうかわかりません。

You overslept again?

また寝坊したのですか。

Aren't you supposed to be in class?

授業にいるはずではないのですか。

▶ be supposed to ...「〜することになっている」

You shouldn't ignore the sign.

看板を無視してはいけません。

▶ 105 sign「看板」

You should hang the painting on the wall.

その絵は壁にかけて飾ったほうがいいですよ。

▶ 422 painting「絵」

470 ☐ ☐ ☐ **legal** [líːgl]	形 法律上の 動 legalize「合法化する」 形 legislative「立法上の」
471 ☐ ☐ ☐ **prepare** [pripéər]	自動 準備する 名 preparation「準備」 形 prepared「準備ができた」
472 ☐ ☐ ☐ **following** [fálouiŋ]	形 後に続く，次の
473 ☐ ☐ ☐ **income** [ínkʌm]	名 所得，収入 ⇔ 名 spending「支出」
474 ☐ ☐ ☐ **resource** [ríːsɔ̀ːrs, -zɔ̀ːrs]	名 資源
475 ☐ ☐ ☐ **crime** [kráim]	名 犯罪 Crime and Punishment「罪と罰 《文学作品》」
476 ☐ ☐ ☐ **harmful** [háːrmfl]	形 有害な 名/動 harm「危害／傷つける」

68

A company usually has limited [legal] responsibility.

通常，会社の法的責任は限定されています。

▶ **402** limited「限られた」 **417** responsibility「責任」

Did you [prepare] for the exam?

試験のための準備はしましたか。

▶ **158** exam「試験」

He graduated the [following] year.

彼はその翌年卒業しました。

▶ **179** graduate「卒業する」

[Income] is the direct result of one's effort.

所得はその人の努力の直接的な結果です。

▶ **321** direct「直接の」 **204** result「結果」 **392** effort「努力」

Many types of natural [resources] are available now.

今や多くの種類の天然資源を利用することができます。

▶ **399** type「種類」 **001** available「利用できる」

[Crime] is not a solution.

犯罪は解決策ではありません。

▶ **430** solution「解決策」

Some chemicals have [harmful] effects.

化学物質の中には有害な作用を及ぼすものがあります。

▶ **438** chemical「化学物質」 **086** effect「影響」

477 □ □ □
twice
[twáis]

副 2回
類 once「1回，かつて」
three times「3回」

478 □ □ □
traffic
[trǽfik]

名 交通，交通量

479 □ □ □
ticket
[tíkət]

名 違反切符，チケット
他動 ～に違反切符を切る

480 □ □ □
urban
[ə́ːrbn]

形 都市の
⇔ 形 rural「田舎の」

481 □ □ □
path
[pǽθ]

名 小道

482 □ □ □
substantial
[səbstǽnʃl]

形 相当な，実質の
副 substantially「おおいに，実質上」

483 □ □ □
launch
[lɔ́ːntʃ, lɑ́ːntʃ]

他動 ～を発射する，～を発売する
自動 開始する
名 発進，発射

69

I study at the library $\boxed{\text{twice}}$ **a week.**

図書館で週に2度勉強しています。

▶ 201 library「図書館」

Let's leave now so we can avoid heavy $\boxed{\text{traffic}}$**.**

交通渋滞を避けるために，今すぐ出発しよう。

▶ 196 avoid「避ける」 heavy traffic「交通渋滞」

You may get a $\boxed{\text{ticket}}$ **for parking your car here.**

ここに車を停めると違反切符を切られるかもしれません。

▶ parking「駐車」

The institution is in an $\boxed{\text{urban}}$ **area.**

この機関は都市部にあります。

▶ 200 institution「機関」 072 area「範囲」

The $\boxed{\text{path}}$ **is closed with a gate.**

その小道は門で閉じられています。

They collected a $\boxed{\text{substantial}}$ **amount of information.**

彼らは相当な量の情報を集めました。

▶ 089 amount「量」

The space shuttle was $\boxed{\text{launched}}$ **safely.**

スペースシャトルは無事に打ち上げられました。

▶ space shuttle「スペースシャトル」

---

484 ☐ ☐ ☐	**award** [əwɔ́ːrd]	名 賞 他動 (賞として) ～を与える
485 ☐ ☐ ☐	**principle** [prínsəpl]	名 原理 形 principal「主要な」
486 ☐ ☐ ☐	**errand** [érənd]	名 用事
487 ☐ ☐ ☐	**appreciate** [əpríːʃièit]	他動 ～を感謝する， 　　　～の価値を認める 名 appreciation「感謝」
488 ☐ ☐ ☐	**apology** [əpálədʒi]	名 謝罪 動 apologize「謝罪する」
489 ☐ ☐ ☐	**wonder** [wʌ́ndər]	他動 ～だろうかと思う 名 驚くべきもの no wonder ...「どうりで～だ」
490 ☐ ☐ ☐	**unfortunately** [ʌ̀nfɔ́ːrtʃənətli]	副 あいにく I'm afraid ...「残念ながら～」

70

Who received the award ?

だれがその賞を受け取ったんですか。

▶ 107 receive「受け取る」

This machine works on a different principle than others.

この機械は，他とは異なる原理で動いています。

I have to run some errands in town.

街で用事を済ませなければなりません。

I appreciate your offer.

あなたの申し出に感謝いたします。

▶ 027 offer「申し出」

Your roommate should accept your apology .

ルームメイトはあなたの謝罪を受け入れてくれるはずです。

▶ 116 roommate「ルームメイト」 442 accept「受け入れる」

I was wondering if I could ask for your help.

助けをお借りできないかと思いまして。

Unfortunately , the textbook is sold out.

あいにく，その教科書は売り切れです。

▶ sold out「売り切れ」

491
prototype
[próutətàip]

名 試作品，原型

492
source
[sɔ́:rs]

名 源，出所

493
float
[flóut]

自動 浮かぶ
名 浮くもの

494
confused
[kənfjú:zd]

形 混乱した，困惑した
動 confuse「困惑させる」

495
loud
[lóud]

形 大声の，うるさい
副 大声で
⇔ 形 / 名 quiet「静かな / 静けさ」
形 noisy「騒がしい」

496
terrible
[térəbl]

形 ひどい，ひどく悪い

497
whatever
[hwʌtévər, hwɑt-]

代名 〜するものはなんでも
形 どんな〜でも

71

We invited students to try out the `prototype`.

試作品を試してもらうため，学生を招きました。

▶ **145** invite「招待する」 try out ...「〜を試してみる」

TV is an important `source` **of information.**

テレビは重要な情報源です。

Ice `floats` **on the ocean especially in winter.**

特に冬，海には氷が浮かんでいます。

I'm still `confused` **about the assignment.**

まだ課題について混乱しています。

▶ **157** assignment「課題」

The party is too `loud`.

パーティーがとてもうるさいです。

I was feeling `terrible` **last night.**

昨夜はひどい気分だったのです。

You can have coffee, tea, `whatever` **you like.**

コーヒーでも紅茶でも，好きなものをなんでも飲んでください。

▶ 24 日目

| 498 | **stimulate** [stímjəlèit] | 他動 ～を刺激する
形 stimulating「刺激的な」
名 stimulus「刺激」 |

498 ☐☐☐ **stimulate** [stímjəlèit] 他動 ～を刺激する / 形 stimulating「刺激的な」 / 名 stimulus「刺激」

499 ☐☐☐ **tightly** [táitli] 副 しっかりと / 形 tight「しっかりした，きつい」

500 ☐☐☐ **absorb** [əbzɔ́ːrb] 他動 ～を吸収する

501 ☐☐☐ **knowledge** [nάlidʒ] 名 知識 / 形 knowledgeable「知識のある」

502 ☐☐☐ **durable** [djúərəbl] 形 耐久性のある / 形 sturdy「頑丈な，たくましい」

503 ☐☐☐ **admire** [ədmáiər] 他動 ～に感心する

504 ☐☐☐ **advance** [ədvǽns] 自動 進む / 名 前進，進歩 / 名 progress「進歩」 / in advance「前もって」

72

Investment stimulates economic growth.

投資は経済成長を刺激します。

▶ 407 investment「投資」 129 economic「経済の」 090 growth「成長」

The program is tightly structured.

そのプログラムはしっかりと組み立てられています。

▶ 441 structure「組み立てる」

The color black absorbs heat.

黒は熱を吸収する色です。

I'm impressed with your knowledge.

あなたの知識には感心させられます。

▶ 109 impress「印象を与える」

This new material is more durable.

この新素材はより耐久性があります。

▶ 189 material「素材」

I admire your hard work.

あなたの努力には感心します。

We can advance to the next stage.

次のステージに進むことができます。

英単語を構成するパーツのうち，語幹の後ろにつく接尾辞を整理します。接尾辞は文の中での役割（品詞）によって決まります。

TOEFL では，トークや本文で使われた単語の形そのままではなく，品詞を変えた単語が正解の選択肢に使われることがあります。品詞を決める接尾辞を省いた語幹部分が見分けられるようになることで，正しい答えを導き出せるようになります。

品詞	基本接尾辞
名詞	-ance, -ment, -th, -cy, -ty, -ness, -ion (-sion / -tion) , -er (-or)
動詞	-ize, -fy, -ate, -en
形容詞	-al, -able, -ful, -ive, -ic, -ous, -a (e) nt
副詞	形容詞＋ ly

こちらをもとに，いくつかの言葉の変化の形を確認してみましょう。

ここを見て！　321 動 direct「監督する」

→ direct ＋ 名詞化 **ion** = **direction**「監督すること＝指示」

→ direct ＋ 人を表す名詞化 **or** = **director**「監督者，指示者」

→形容詞 = 同形 **direct**「直接の」

→ direct ＋ 副詞化 **ly** = **directly**「直接に」

ここを見て！ 333 图colony「植民地」

→ colony ＋ 動詞化 **ize** = **colonize**「植民地化する」
→ colony ＋ 形容詞化 **al** = **colonial**「植民地の，植民地時代の」

ここを見て！ 129 图economy「経済」

→ economy ＋ 形容詞化 **ic** = **economic**「経済の」
→ economy ＋ 形容詞化 **al** = **economical**「経済的な」

見出し語の関連表現にも多くの情報を載せています。学習の段階で品
詞の変化を意識して知識を整理しておくと，はじめて見る単語の意味
を推測できるようになります。

01 **look forward to ...**　〜を楽しみにして待つ

02 **come down with ...**　〜の病気にかかる

03 **cut down on ...**　〜を減らす

04 **get rid of ...**　〜を処分する，
〜を免れる

05 **get back to ...**　後で〜に連絡する

06 **put off ...**　〜を後回しにする
動 postpone「延期する」

07 **call off ...**　〜を取り消す
動 cancel「取り消す」

73

We are looking forward to **attending the party.**

パーティーに参加するのを楽しみにしています。

I know I'm coming down with **something.**

何かの病気にかかっているのが自分でわかります。

My doctor said I should cut down on **sugar.**

医者に糖分を減らすよう言われました。

Are you getting rid of **these old books?**

これらの古い本を処分しているのですか。

I'll check and get back to **you soon.**

調べてすぐに連絡します。

I keep putting off **my application.**

応募をずっと後回しにしています。

Maybe we should call off **the event.**

イベントは中止したほうがいいかもしれません。

句動詞

08 **stop by ...**
～に立ち寄る

09 **run into ...**
～に偶然会う
動 encounter「偶然出会う」

10 **run out of ...**
～を使い果たす,
～がなくなる

11 **be fed up with ...**
～に愛想を尽かしている

12 **keep up with ...**
～についていく

13 **take care of ...**
～を処理する,
～の世話をする

14 **subscribe to ...**
～を定期購読する

74

If you want to talk, ⌈stop by⌋ my office tomorrow.

もし話がしたければ，明日私のオフィスに立ち寄ってください。

- -

I didn't think I would ⌈run into⌋ you here.

ここであなたに偶然会うとは思いませんでした。

- -

We are ⌈running out of⌋ milk.

牛乳がなくなっています。

- -

I'⌈m fed up with⌋ waiting for her.

彼女を待つのはもう嫌です。

- -

I can't ⌈keep up with⌋ the classes.

授業についていくことができません。

- -

Let me ⌈take care of⌋ the bill.

この請求書は私に支払わせてください。

- -

Do you ⌈subscribe to⌋ any magazines?

何か雑誌の定期購読をしていますか。

01	**No kidding.**	冗談はやめて
02	**take it easy**	気楽にする
03	**how come ...?**	なぜ〜 副 why「なぜ」
04	**that's about it**	そのくらいです
05	**all set**	準備が整っている
06	**used to** *do*	以前は〜であった
07	**be used to**	〜に慣れている

75

No kidding! You've never failed a course?

冗談はやめて！授業を一つも落としたことがないのですか。

I can take it easy next week.

来週はのんびりできます。

How come you missed the class?

なぜ授業を休んだのですか。

I got an A+ in Economics and Biology, but that's about it.

経済学と生物学は A+ でしたが，そのくらいです。

You are all set for this semester.

あなたの今学期の準備は万端だね。

This building used to be a library.

この建物は以前は図書館でした。

I am already used to the new apartment.

新しいアパートにはもう慣れました。

08 take a rain check

別の日にする

09 out of *one's* **mind**

狂気のようになって

10 out of stock

品切れ
sold out「売り切れ」

11 under the weather

調子が悪い

12 Watch out.

気をつけて

13 take ... for granted

〜を当たり前のものと考える

14 take ... into account

〜を考慮する

76

Thank you for your invite, but I have to take a rain check.

お誘いありがとうございます．でも別の機会にしなければなりません。

My roommate must have been out of his mind.

ルームメイトは狂気のようになっていたに違いありません。

The book is out of stock right now.

その本はただいま品切れ中です。

I heard he is under the weather.

彼は体調が悪いと聞いています。

Watch out. There might be dangerous animals around here.

気をつけて。このあたりには危険な動物がいるかもしれません。

We take the sun for granted.

私たちは太陽を当たり前のものと考えています。

Did you take temperature into account?

温度を考慮しましたか。

多義語

01 miss

コアイメージ
とらえそこなう

他動 ～を休む
形 absent「欠席の」

他動 ～に乗り遅れる,
～を取りそこなう

他動 ～の不在を寂しく思う

---

02 bill

コアイメージ
公式に書かれたもの

名 お札

名 請求書
名 check「請求書」

名 法案

他動 ～に請求書を送る

---

03 complete

コアイメージ
すべてを満たす

他動 ～を完成させる
動 finalize「仕上げる」

形 完璧な

---

04 order

コアイメージ
順序のある秩序

名 順番

名 秩序

他動 ～を注文する

77

I am sorry I missed your class last week.
先週あなたの授業を休んでしまってごめんなさい。

Hurry. We don't want to miss the bus.
急いでください。バスに乗り遅れないように。

I will miss you when you move.
あなたが引っ越すと寂しくなります。

Do you have a dollar bill?
1ドル札を持っていますか。

I have to pay this bill.
この請求書を払わないといけません。

The bill has officially passed.
法案が正式に通りました。

Can you bill me later?
後で私に請求してくれますか。

The picture was completed yesterday.
絵は昨日完成しました。

The team developed a complete plan.
そのチームは完璧な計画を作り上げました。

The books are listed in alphabetical order.
本はアルファベット順にリストにされています。

The machine is out of order.
その機械は故障しています。

What food shall I order?
どの料理を注文しましょうか。

多義語

05 charge

コアイメージ
ある物を満たす,
負荷をかける

他動 〜に代金を請求する
名/動 cost「(費用・金が) かかる」

自動 支払いを請求する

名 料金, 請求金額

名 カードでの支払い

名 担当, 責任

06 promote

コアイメージ
先に動く

他動 〜を昇進させる

他動 (商品など) 〜を売り込む
名 promotion「(販売) 促進」

07 deal

コアイメージ
二者間で成り立つ

名 取引
名/動 trade「貿易 / 貿易する」

名 量

自動 扱う, 処理する

08 issue

コアイメージ
外に出ること

名 問題

名 (雑誌の) 号, 発行

他動 〜を支給する,
〜を刊行する

78

You charged me twice.
二重請求されました。

If you ask Tom, he will charge more.
トムに頼んだら，彼はもっと請求するでしょう。

We can fix your TV at no charge.
テレビを修理するのに料金はかかりません。

Cash or charge?
お支払いは現金ですか，カードですか。

Who is in charge of the project?
そのプロジェクトの担当はだれですか。

She will be promoted soon.
彼女はもうすぐ昇進するでしょう。

A company is promoting its new product.
会社が新製品を売り込んでいます。

The deal is done.
取引は成立しています。

That's a great deal of water.
すごい水量です。

How can we deal with this problem?
この問題にどう対処すればいいのでしょうか。

We have many issues.
私たちは多くの問題を抱えています。

I like this issue of the magazine.
その雑誌のこの号が好きです。

They will issue you a passport.
彼らがパスポートを発給してくれます。

09 figure

コアイメージ
人や表現の形

他動 〜を理解する，
〜と考える

名 数字

名 姿，形

名 人物

---

10 position

コアイメージ
置かれた場所

名 職
類 status「身分」

名 位置

名 立場，態度

名 姿勢

---

11 feature

コアイメージ
目立つ特徴

名 特徴

他動 〜を呼び物にする

他動 〜を特集する

---

12 present

コアイメージ
存在する，
人の前に差し出す

他動 〜を発表する，〜を贈る

形 現在の
類 current「現在の」

形 出席している
⇔形 absent「欠席の」

名 現在

名 贈り物

79

Have you figured out why?
なぜかわかりましたか。

It's a figure based on data.
これはデータに基づいた数字です。

I saw a figure of a man.
人の姿が見えました。

Not many people become historical figures.
歴史的な人物になる人はそう多くはいません。

I'm getting a new position.
新しい職務を得ます。

Can you change the position of pictures?
絵の位置を変えることはできますか。

What's your position on this issue?
この問題に対するあなたの立場はどうですか。

The slide shows a dog's sleeping position.
このスライドは犬の寝る姿勢を示しています。

The building has many features.
この建物には多くの特徴があります。

The hotel features a good view.
ホテルはよい眺めを呼び物にしています。

The magazine features music.
雑誌は音楽を特集しています。

I will present my research tomorrow.
明日，自分の研究を発表する予定です。

Is this your present address?
これはあなたの現在の住所ですか。

He was not present at the event.
彼はそのイベントに出席していませんでした。

The book has been popular from the past to the present.
過去から現在に至るまで，その本は人気があります。

I'm getting a book as a present for my friend.
友人への贈り物としてその本を入手する予定です。

鈴木 瑛子（すずき・ようこ）

　東京海洋大学 グローバル教育研究推進機構 特任准教授。東京理科大学 非常勤講師。

　早稲田大学（法学部）卒業，ジョンズ・ホプキンス大学大学院修士課程修了（M.A. 取得）。大手玩具メーカーで企画職を経て，大学院留学のため渡米。帰国後，4 技能指導を中心とした英語教育に携わり，現職。専門はコミュニケーション学。英検 1 級，TOEIC L&R 990 点取得。大学にて TOEIC や TOEFL などの資格試験を活用した教育支援プログラムの企画・運営を手がけるほか，異文化理解教育や TOEFL 講座まで幅広く活動している。主な著書に『スピーキング・ライティングのための TOEFL iBT® テスト必修フレーズ 100』（テイエス企画），『50 のルールを当てはめるだけ！英語ライティングの極み』（DHC 出版），共著に『TOEFL ITP® テスト完全制覇』（ジャパンタイムズ）などがある。広島県出身。趣味は小型魚の飼育。

© Yoko Suzuki, 2023, Printed in Japan

1 か月で復習する
TOEFL® テスト 基本の 500 単語

2023 年 3 月 20 日　　　初版第 1 刷発行

著　　者	鈴木 瑛子	
制　　作	ツディブックス株式会社	
発 行 者	田中 稔	
発 行 所	株式会社 語研	
	〒 101−0064	
	東京都千代田区神田猿楽町 2−7−17	
	電　話　03−3291−3986	
	ファクス　03−3291−6749	
	振替口座　00140−9−66728	
組　　版	ツディブックス株式会社	
印刷・製本	シナノ書籍印刷株式会社	

ISBN978−4−87615−385−5 C0082

書名　イッカゲツデフクシュウスル トーフルテスト
　　　キホンノ ゴヒャクタンゴ
著者　スズキ ヨウコ

本書の感想は
スマホから↓

株式会社 語研
語研ホームページ https://www.goken-net.co.jp/

1か月で復習する
TOEIC®L&R テスト
基本の500単語

駒

JN051865

音声無料
ダウンロード

語研

はじめに

　突然ですが，私には現在小学6年生の息子がいます。小学生が苦戦する学習のひとつに漢字学習がありますが，息子は「漢字を読むこと」はそこそこ出来ているようです。理由を尋ねると，「漫画を読んでいるから」とのこと（小説や伝記，ではなく漫画……トホホ）。日常的に使われる漢字は漫画の中で繰り返し登場し，目にする回数も増えるので「当たり前に使う漢字」として脳が「漢字のカタチと意味」を自然とインプットしたのだと考えられます。

　このように，覚えるためには「頻繁に目にすること」が効果的です。これは英語の単語学習にも役立てられる方法ですよね。さらに「異なる場所・異なる文脈で出会う」という最高の条件が揃えば，より記憶が定着しやすくなります。一度しか会ったことのない人の名前は覚えられなくても，さまざまな状況で頻繁に顔を合わせる機会があれば，確実に名前を覚えられるのと同じ理屈です。

　今回，この「最高の条件」を意識し，本書を作成しました。ページを読み進めるにつれて，過去に学んだ単語が度々登場し，別の例文で使われていることに気づくでしょう。見出し語にはTOEIC学習の土台となり，試験で頻出する単語を厳選しています。学習を進めるうち，「この単語，見たことある！」「この単語なら分かる！」という楽しい発見の瞬間が訪れるはずです。単語知識の蓄積は，間違いなくみなさんの英文理解を手助けしてくれることと思います。

　「記憶力が悪くて単語が覚えられない！」と嘆いている方も多いと思いますが，脳科学者の池谷裕二氏はこのように言っています。「脳の構造は基本的には人によって変わらないのですが，頭を多く使って鍛えれば，神経細胞はこれに応えるように増殖し，記憶力は自然に増大するのです。これは選ばれた人にのみできるのではなくて，誰でも努力すれば可能なことなのです（『記憶力を強くする』より引用）」

　筋肉と同じように，脳を鍛えれば記憶力を強化できるというのは，希望が持てる話ですよね。「70歳を超えた人でも脳をきちんと使えばまだまだ記憶力を向上させることができる」とも書かれており，「記憶力の向上」を諦める必要はなさそうです。

　まずは基本の500単語！本書を手に取ってくださった皆様が，楽しく，効果的に学習を進められるよう，心より願っております。

2023年2月　駒井 亜紀子

3

目次

【吹き込み】Jennifer Okano
【装丁】クリエイティブ・コンセプト

本書の構成

- 暗記には付属の赤シートをご活用ください。
- 例文語注の **番号** は見出し語の左の見出し語番号にあたります。
- 例文語注の **番号** は見出し語関連表現の番号にあたります。

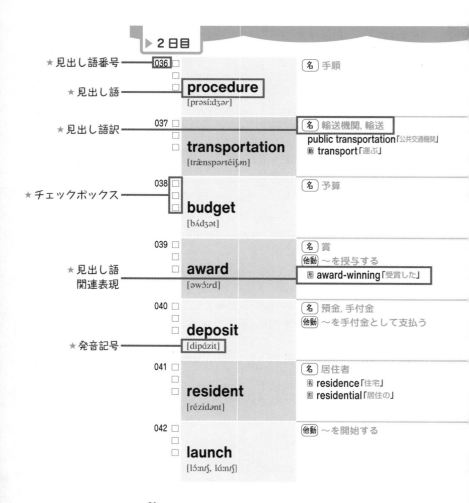

▶ 2日目

★見出し語番号 —— 036
★見出し語 —— **procedure**
[prəsíːdʒər]
名 手順

037
★見出し語訳 —— **transportation**
[trænspərtéiʃən]
名 輸送機関, 輸送
public transportation「公共交通機関」
動 transport「運ぶ」

★チェックボックス —— 038
budget
[bʌ́dʒət]
名 予算

039
★見出し語 関連表現 —— **award**
[əwɔ́ːrd]
名 賞
他動 ～を授与する
形 award-winning「受賞した」

040
deposit
★発音記号 —— [dipázit]
名 預金, 手付金
他動 ～を手付金として支払う

041
resident
[rézidənt]
名 居住者
名 residence「住宅」
形 residential「居住の」

042
launch
[lɔ́ːntʃ, láːntʃ]
他動 ～を開始する

20

6

〈品詞アイコンについて〉

名 ➡ 名詞　自動 ➡ 自動詞　他動 ➡ 他動詞
形 ➡ 形容詞　副 ➡ 副詞　前 ➡ 前置詞

★ 音声ファイル番号

06

★ QR コード

Could you explain the [procedure] for registration?

登録の手順について教えていただけますか。

▶ 179 registration「登録」

Many employees use public [transportation] to get to work. ━━ ★ 例文

多くの従業員が仕事に行くのに公共交通機関を利用しています。

▶ 001 072 employee「従業員」 get to work「通勤する」

Our advertising [budget] for next year is quite limited.

来年の広告予算はかなり限られています。 ━━ ★ 例文訳

▶ advertising「広告の」 439 limited「限られた」

He won an [award] for his latest novel.

彼は最新の小説で賞を獲得しました。

▶ latest「最新の」

A small [deposit] of \$10 is enough to open an account.

10 ドルの少額預金で口座を開設できます。

▶ 133 enough「十分な」 089 account「預金口座」 ━━ ★ 例文語注

The grocery store is very popular among the local [residents].

その食料品店は地元の住民にとても人気があります。

▶ 176 / 368 grocery store「食料品店」

The company [launched] a new campaign in the spring.

その会社は春に新しいキャンペーンを開始しました。

▶ 017 company「会社」

★ 学習の日付と、
暗記単語数を記入

| 1回目 | 年 月 日 ／7 | 2回目 | 年 月 日 ／7 | 3回目 | 年 月 日 ／7 | 達成率 8 % |

21

7

学習計画表

●約1か月弱で終えるためのスケジュールモデル《月曜開始の場合》

	月	火	水	木	金	土	日
日付⇨	/	/	/	/	/	/	
	p.10～14	p.16～20	p.22～26	p.28～32	p.36～40	p.42～46	お休み or 復習
	001-021	022-042	043-063	064-084	085-105	106-126	
チェック⇨	済	済	済	済	済	済	
	月	火	水	木	金	土	日
	/	/	/	/	/	/	
	p.48～52	p.54～58	p.62～66	p.68～72	p.74～78	p.80～84	お休み or 復習
	127-147	148-168	169-189	190-210	211-231	232-252	
	済	済	済	済	済	済	
	月	火	水	木	金	土	日
	/	/	/	/	/	/	
	p.88～92	p.94～98	p.100～104	p.106～110	p.114～118	p.120～124	お休み or 復習
	253-273	274-294	295-315	316-336	337-357	358-378	
	済	済	済	済	済	済	
	月	火	水	木	金	土	日
	/	/	/	/	/	/	
	p.126～130	p.132～136	p.140～144	p.146～150	p.152～156	p.158～162	総復習
	379-399	400-420	421-441	442-462	463-483	484-504	
	済	済	済	済	済	済	

＊開始日を記入し，終わったら済マークをなぞってチェックしてください。

●計画表フリースペース（自分なりのスケジュールを立てたい方用）

/	/	/	/	/	/	/
-	-	-	-	-	-	-
(済)	(済)	(済)	(済)	(済)	(済)	(済)
/	/	/	/	/	/	/
-	-	-	-	-	-	-
(済)	(済)	(済)	(済)	(済)	(済)	(済)
/	/	/	/	/	/	/
-	-	-	-	-	-	-
(済)	(済)	(済)	(済)	(済)	(済)	(済)
/	/	/	/	/	/	/
-	-	-	-	-	-	-
(済)	(済)	(済)	(済)	(済)	(済)	(済)

＊上から曜日，日付，習得した見出し語の開始と終わりの番号，済マークの
　チェック欄になります。自由にカスタマイズしてお使いください。

001 □ □ □	**employee** [èmplɔíː]	名 従業員 動 employ「雇う」 名 employer「雇用主」 名 employment「雇用」
002 □ □ □	**client** [kláiənt]	名 顧客 名 customer「客」 名 consumer「消費者」
003 □ □ □	**order** [ɔ́ːrdər]	名 注文 他動 〜を注文する out of order「故障して」
004 □ □ □	**department** [dipɑ́ːrtmənt]	名 部署 human resources department 「人事部」
005 □ □ □	**profit** [prɑ́fət]	名 利益 自動 利益を上げる 形 profitable「利益になる」
006 □ □ □	**repair** [ripéər]	他動 〜を修理する 名 修理 動 fix「修理する」
007 □ □ □	**offer** [ɔ́(ː)fər]	他動 〜を提供する, 〜を申し出る 名 提案 動 provide「提供する, 与える」

There will be an orientation for new [employees] tomorrow.

明日，新入社員のためにオリエンテーションがあります。

▶ orientation「オリエンテーション」

I went to Tokyo to meet my [client].

顧客に会うために東京へ行きました。

I placed an [order] for office desks over the phone last week.

先週，オフィスデスクを電話で注文しました。

▶ place an order「注文する」 over the phone「電話で」

I've been working in the accounting [department] since last year.

昨年から経理部で働いています。

▶ accounting department「経理部」 since「〜以来」

The hotel made a large [profit] because of its excellent service.

そのホテルは素晴らしいサービスによって大きな利益を上げました。

▶ make a profit「利益を得る」 because of ...「〜が原因で」

Could you send someone to [repair] the copy machine?

コピー機を修理するのに誰か派遣していただけますか。

Our hotel is [offering] a 20 percent discount on all stays this month.

今月，当ホテルではすべての滞在を 20％割引で提供しています。

▶ 248 discount「割引」

008

bill
[bíl]

名 請求書
utility bill「電気, ガス, 水道代」

009

charge
[tʃɑ́ːrdʒ]

他動 ～を請求する
名 料金
in charge of ...「～を担当して」

010

hire
[háiər]

他動 ～を雇う
動 employ「雇う」

011

process
[próusəs, prá(:)ses]

他動 ～を処理する
名 過程

012

branch
[bræntʃ]

名 支店

013

attend
[əténd]

他動 ～に出席する
名 attendee「出席者」
名 attendant「係員」

014

claim
[kléim]

他動 ～を要求する,
　　～であると主張する
名 要求
※日本語の「クレームを言う」は動 complaint

I am writing to remind you that last month's [bill] was not paid.

先月分の請求が支払われていないため, 書面にてご連絡いたします。

▶ **417** remind「気付かせる」 **274** pay「支払う」

If you cancel the appointment, you will be [charged] a cancellation fee.

ご予約をキャンセルした場合, キャンセル料が請求されます。

▶ **276** appointment「予約」 **123** cancellation fee「キャンセル料」

We need to [hire] more full-time workers.

私たちはもっと常勤の従業員を雇う必要があります。

▶ full-time「常勤の」

Please be advised that it will take a couple of days to [process] the order.

ご注文の処理には2, 3日かかりますので, ご了承ください。

▶ **Please be advised that ...**「～をご了承ください」 **003** order「注文」

She's going to work at the Tokyo [branch] from this spring.

彼女は今年の春から東京支店で働く予定です。

All managers are required to [attend] the workshop.

すべてのマネージャーが研修に参加する必要があります。

▶ **029** be required to ...「～するように求められる」 workshop「研修」

You can [claim] a discount with your student ID card.

学生証をお持ちなら, 割引を受けられます。

▶ **248** discount「割引」 **349** ID＝identification「身分証」

1回目	年 月 日 ／7	2回目	年 月 日 ／7	3回目	年 月 日 ／7	達成率 2 %

015 □
□
□ **mention**
[ménʃən]

他動 ～に言及する
動 say「言う」

016 □
□
□ **arrange**
[əréindʒ]

他動 ～を手配する, ～を並べる
名 arrangement「準備」

017 □
□
□ **firm**
[fə́ːrm]

名 会社
名 company「会社」

018 □
□
□ **delay**
[diléi]

他動 ～を遅らせる
名 遅延

019 □
□
□ **previous**
[príːviəs]

形 以前の

020 □
□
□ **increase**
[inkríːs; íŋ-]

自動 増える　他動 ～を増やす
名 増加
⇔ 動/名 decrease「減少する, 減少させる / 減少」

021 □
□
□ **vehicle**
[víːəkl]

名 車両, 乗り物

She didn't [mention] anything about the upcoming project.

彼女は次回のプロジェクトについて何も言及しませんでした。

▶ 202 upcoming「次回の」

The travel agency [arranged] a flight for my business trip.

私の出張のために, 旅行代理店は飛行機を手配してくれました。

▶ 377 travel agency「旅行代理店」 business trip「出張」

The law [firm] has several branches in Japan.

その法律事務所は日本にいくつかの支店があります。

▶ law firm「法律事務所」 012 branch「支店」

The flight was [delayed] due to bad weather.

悪天候により飛行機が遅れました。

▶ 257 due to ...「〜が原因で」

This new computer is more affordable than the [previous] model.

この新しいコンピュータは以前のモデルよりも手頃な価格になっています。

▶ affordable「手頃な」

Our sales [increased] by 30% this month.

当社の売上は今月30％増えました。

The company is the largest producer of [vehicle] parts.

その会社は車両部品の最大の製造業者です。

▶ 017 company「会社」 producer「生産者」 448 part「部品」

022 □
□
□ **reduce**
[ridʒúːs]

他動 ～を減らす
名 reduction「減少」

023 □
□
□ **transfer**
[trænsfə́ːr; trǽnsfəːr]

他動 ～を移動させる, ～を転勤させる
自動 移動する, 転勤する
名 移動, 異動
be transferred to ...「～に転勤する」

024 □
□
□ **conduct**
[kəndʌ́kt]

他動 ～を行う
conduct research「研究を行う」

025 □
□
□ **regulation**
[règjəléiʃən]

名 規則, 規制
動 regulate「規制する」

026 □
□
□ **proposal**
[prəpóuzl]

名 提案, 提案書
動 propose「提案する」

027 □
□
□ **financial**
[fainǽnʃl, fə-]

形 財務の
名 finance「財務」

028 □
□
□ **essential**
[isénʃl]

形 必須の

04

We have to [reduce] operating costs.

私たちは運用コストを減らさなければなりません。

▶ 429 operating cost「運用コスト」

He was recently [transferred] to our branch.

彼は最近, 私たちの支店に異動してきました。

▶ 273 recently「ここ最近」 012 branch「支店」

The store regularly [conducts] customer surveys.

その店は定期的に顧客調査を行います。

▶ 368 store「店」 451 regularly「定期的に」
052 conduct a survey「調査を行う」 252 002 065 customer「客」

The factory will introduce new [regulations].

この工場は新しい規則を導入予定です。

▶ 223 170 introduce「導入する」

We submitted our [proposal] to the client.

私たちは顧客に提案書を提出しました。

▶ 045 submit「提出する」 002 065 252 client「顧客」

We provide [financial] advice to business owners.

私たちは経営者の方への財務アドバイスを提供しています。

▶ 251 007 provide「提供する」 business owner「事業主」

Communication skills are [essential] for my job.

私の仕事ではコミュニケーション能力が不可欠です。

029 ☐ ☐ ☐ **require** [rikwáiər]	他動 ～を必要とする be required to ...「～するように求められる」 名 requirement「必要なもの, 必要条件」
030 ☐ ☐ ☐ **equipment** [ikwípmənt]	名 機器, 設備, 装備 動 equip「備え付ける」
031 ☐ ☐ ☐ **confirm** [kənfɔ́:rm]	他動 ～を確認する 名 confirmation「確認, 確認書」
032 ☐ ☐ ☐ **available** [əvéiləbl]	形 手が空いている, 入手できる, 利用できる
033 ☐ ☐ ☐ **expense** [ikspéns]	名 経費 動 expend「費やす」
034 ☐ ☐ ☐ **instruction** [instrʌ́kʃən]	名 指示 動 instruct「指示する」
035 ☐ ☐ ☐ **author** [ɔ́:θər]	名 作家, 著者

05

All employees are [required] to wear a uniform.

すべての職員は制服の着用が求められています。

▶ 001 072 employee「従業員」

The company sells medical [equipment].

その会社は医療機器を販売しています。

▶ 017 company「会社」 492 medical「医学の」

Please [confirm] your flight reservation.

飛行機の予約をご確認ください。

▶ 174 reservation「予約」

I'm afraid that he is not [available] at the moment.

申し訳ありませんが, 彼はいま手が離せません。

▶ I'm afraid that ...「申し訳ありませんが〜」 at the moment「ちょうど今」

[Expense] reports should be submitted with original receipts.

経費報告書は領収書の原本を添えて提出してください。

▶ 045 submit「提出する」 receipt「領収書」

You can download the [instruction] manual from this site.

こちらのウェブサイトから取扱説明書をダウンロードできます。

▶ download「ダウンロードする」 instruction manual「取扱説明書」

Ms. Teresa is one of the most popular [authors].

Teresa さんは最も人気のある作家のひとりです。

036

procedure
[prəsí:dʒər]

名 手順

037

transportation
[trænspərtéiʃən]

名 輸送機関, 輸送
public transportation「公共交通機関」
動 transport「運ぶ」

038

budget
[bʌ́dʒət]

名 予算

039

award
[əwɔ́:rd]

名 賞
他動 〜を授与する
形 award-winning「受賞した」

040

deposit
[dipázit]

名 預金, 手付金
他動 〜を手付金として支払う

041

resident
[rézidənt]

名 居住者
名 residence「住宅」
形 residential「居住の」

042

launch
[lɔ́:ntʃ, lá:ntʃ]

他動 〜を開始する

06

Could you explain the ⌈procedure⌉ for registration?

登録の手順について教えていただけますか。

▶ 179 registration「登録」

Many employees use public ⌈transportation⌉ to get to work.

多くの従業員が仕事に行くのに公共交通機関を利用しています。

▶ 001 072 employee「従業員」 get to work「通勤する」

Our advertising ⌈budget⌉ for next year is quite limited.

来年の広告予算はかなり限られています。

▶ advertising「広告の」 439 limited「限られた」

He won an ⌈award⌉ for his latest novel.

彼は最新の小説で賞を獲得しました。

▶ latest「最新の」

A small ⌈deposit⌉ of $10 is enough to open an account.

10ドルの少額預金で口座を開設できます。

▶ 133 enough「十分な」 089 account「預金口座」

The grocery store is very popular among the local ⌈residents⌉.

その食料品店は地元の住民にとても人気があります。

▶ 176 / 368 grocery store「食料品店」

The company ⌈launched⌉ a new campaign in the spring.

その会社は春に新しいキャンペーンを開始しました。

▶ 017 company「会社」

043

construction

[kənstrʌ́kʃən]

名 建設
動 construct「建設する」

044

exhibit

[igzíbit]

他動 ～を展示する　名 展示品
名 exhibitor「出展者」
名 exhibition「展示会, 展示」
名 exposition「展覧会」
trade show「見本市」

045

submit

[səbmít]

他動 ～を提出する
名 submission「提出, 提出物, 提案」

046

postpone

[poustpóun]

他動 ～を延期する
put off「延期する」

047

obtain

[əbtéin]

他動 ～を手に入れる
動 acquire「得る, 習得する」

048

purchase

[pə́ːrtʃəs]

他動 ～を購入する
名 購入, 購入品
動 buy「買う」

049

conference

[kánfərəns]

名 会議
press conference「記者会見」
名 meeting「打ち合わせ」

07

Part of this building is under [construction].

この建物の一部は建設中です。

The museum will [exhibit] several famous paintings this fall.

この秋. 美術館ではいくつかの名画が展示されます。

Please be sure to [submit] the report by next Friday.

次の金曜日までに. 報告書を必ず提出してください。

▶ be sure to ...「必ず～する」

The meeting was [postponed] until next month.

打ち合わせは来月まで延期されました。

▶ 049 meeting「打ち合わせ」

Please [obtain] an ID badge from the security office.

警備室で ID バッジを入手してください。

▶ 349 ID＝identification「身分証」 badge「バッジ」
290 security office「警備室」

You can [purchase] the tickets online.

オンラインでチケットを購入できます。

▶ online「オンラインで」

Could you set up a projector in the [conference] room?

会議室にプロジェクターを設置していただけますか。

▶ set up「据え付ける」 projector「プロジェクター」
conference room「会議室」

| 1回目 | 年 月 日 /7 | 2回目 | 年 月 日 /7 | 3回目 | 年 月 日 /7 | 達成率 9 % |

050 □ □ □
appreciate
[əprí:ʃièit]

他動 ～に感謝する
名 appreciation「感謝」

051 □ □ □
reputation
[rèpjətéiʃən]

名 評価
reputation for ...「～という評判」

052 □ □ □
survey
[sə́:rvei; sərvéi]

名 調査
他動 ～を調査する
conduct a survey「調査を行う」

053 □ □ □
representative
[rèprizéntətiv]

名 担当者
sales representative「営業担当者」
customer service representative
「顧客サービス担当者」
動 represent「示す，代表する」

054 □ □ □
annual
[ǽnjuəl]

形 年1回の
形 yearly「年1回の」

055 □ □ □
résumé
[rézəmèi]

名 履歴書
名 profile「プロフィール」

056 □ □ □
approximately
[əpráksimətli]

副 約
副 about「約」

08

I really [appreciate] your kindness.

あなたの親切に感謝いたします。

▶ kindness「親切心」

The hotel has a good [reputation] for its customer service.

そのホテルはお客様へのサービスで高い評価を得ています。

▶ 252 002 065 customer「客」

The [survey] shows that many consumers like our latest bag.

調査によれば, 多くの消費者が新作のバッグを気に入っています。

▶ 065 002 252 consumer「消費者」 latest「最新の」

If you are interested, please contact our sales [representative].

ご興味があれば, 営業担当者にお問い合わせください。

▶ contact「連絡する」

The [annual] meeting will be held next Tuesday.

年1回の打ち合わせが来週火曜日に行われます。

▶ 049 meeting「打ち合わせ」 205 hold「開催する」

Please send your [résumé] to the personnel department.

履歴書を人事部へお送りください。

▶ 072 / 004 personnel department「人事部」

There are [approximately] 1,000 workers at the plant.

工場には約 1,000 名の従業員がいます。

▶ 207 plant「工場」

057 ☐ ☐ ☐	**candidate** [kǽndidèit]	名 候補者 類 applicant「応募者」
058 ☐ ☐ ☐	**facility** [fəsíləti]	名 施設 類 venue「開催地」
059 ☐ ☐ ☐	**review** [rivjú:]	他動 ～を見直す 名 見直し, 批評, レビュー
060 ☐ ☐ ☐	**ensure** [enʃúər]	他動 確実に～を行う, ～を確かにする make sure「確認する」
061 ☐ ☐ ☐	**laboratory** [lǽbərətɔ̀:ri]	名 実験室, 研究所 ※省略形：lab
062 ☐ ☐ ☐	**colleague** [káli:g]	名 同僚 類 coworker「同僚」
063 ☐ ☐ ☐	**renew** [rinjú:]	他動 ～を更新する 名 renewal「更新」

26

09

Successful [candidates] will be contacted by the end of this month.

採用された候補者には今月末までにご連絡します。

▶ 244 successful「成功した」 contact「連絡する」

The company is going to build a new research [facility] in France.

その会社はフランスに新しい研究施設を建てる予定です。

▶ 017 company「会社」 283 research「研究」

I need to [review] the presentation documents before the meeting.

打ち合わせの前にプレゼンテーション資料を見直す必要があります。

▶ presentation「プレゼンテーション」 286 document「資料」
049 meeting「打ち合わせ」

Please [ensure] that you shut down your computer when you leave.

お帰りの際は必ずコンピューターをシャットダウンしてください。

▶ shut down「コンピューターの電源を切る」

The researcher was working in the [laboratory] all day.

その研究者は一日中実験室で働いていました。

▶ 283 researcher「研究者」 all day「一日中」

I invited my [colleague] for lunch.

私は同僚を昼食に誘いました。

You need to [renew] your passport by the end of this month.

あなたは今月末までにパスポートを更新する必要があります。

064

headquarters
[hédkwɔ̀:rtərz]

名 本社
head office「本社」

065

consumer
[kənsjú:mər]

名 消費者
名 customer「客」
名 client「顧客」

066

revise
[riváiz]

他動 〜を修正する, 〜を改訂する
名 revision「改正, 改訂版」

067

certificate
[sərtífikət]

名 修了証書, 証明書
名 certification「証明」

068

ingredient
[ingrí:diənt]

名 材料

069

banquet
[bǽŋkwət]

名 宴会

070

valid
[vǽlid]

形 有効な, 期限切れではない

10

Please send the necessary documents to the [headquarters] by next week.

来週までに必要書類を本社に送ってください。

▶ 211 necessary「必要な」 286 document「資料」

More and more [consumers] are shopping online.

ますます多くの消費者がオンラインで買い物をするようになっています。

▶ more and more「ますます多くの」 online「オンラインで」

My manager asked me to [revise] the itinerary.

マネージャーは私に旅程を修正するよう頼みました。

▶ 084 itinerary「旅程」

You will receive a [certificate] after this course.

このコースのあと, 修了証書を受け取ることになります。

Our restaurant uses local [ingredients] in our dishes.

我々のレストランでは料理に地元の食材を使用しています。

▶ dish「料理」

We will hold a [banquet] to welcome the new CEO.

新しい CEO を歓迎するために, 宴会を開く予定です。

▶ 205 hold「開催する」 welcome「歓迎する」
CEO ＝ chief executive officer「最高経営責任者」

This voucher is [valid] only for our club members.

このクーポンは私たちのクラブ会員のみ有効です。

▶ 193 voucher「クーポン券」

071 ☐☐☐	**refreshment** [rifréʃmənt]	名 軽食
072 ☐☐☐	**personnel** [pə̀ːrsənél]	名 人事, 職員 圏 employee「従業員」
073 ☐☐☐	**appliance** [əpláiəns]	名 電化製品
074 ☐☐☐	**serve** [sə́ːrv]	他動 （食べ物など）〜を提供する, 　　〜を供給する 自動 仕える, 勤務する 圏 server「給仕係」
075 ☐☐☐	**agenda** [ədʒéndə]	名 議題
076 ☐☐☐	**merchandise** [mə́ːrtʃəndàiz, -s]	名 商品 圏 goods「商品」 圏 item「品物」
077 ☐☐☐	**brochure** [brouʃúər]	名 パンフレット, 冊子 圏 flyer「チラシ」 圏 pamphlet「パンフレット」

11

She prepared ⟨refreshments⟩ for the visitors.

彼女は訪問者のために軽食を用意しました。

Please stop by the ⟨personnel⟩ department on your first day.

出勤初日は人事部へお立ち寄りください。

▶ stop by「立ち寄る」 **004** personnel department「人事部」

A new ⟨appliance⟩ store opened near my house last month.

先月, 新しい家電用品店が私の家の近くにオープンしました。

▶ **368** appliance store「家電用品店」

A light meal will be ⟨served⟩ during the meeting.

打ち合わせ中に軽食が提供されます。

▶ light meal「軽食」 during ...「〜の間」 **049** meeting「打ち合わせ」

The ⟨agenda⟩ will be sent to everyone tomorrow.

議題は明日全員に送られる予定です。

We carry a wide variety of ⟨merchandise⟩ in our shop.

当店では豊富な商品を取り扱っています。

▶ carry「在庫として置く」 **418 110** wide variety of ...「さまざまな〜」

Please have a look at our travel ⟨brochures⟩ for your trip.

ご旅行の際には我が社の旅行パンフレットをご覧ください。

▶ have a look「見る」

078	**update** [ʌpdéit; ʌ́pdèit]	他動 ～を更新する 名 最新情報
079	**supervisor** [súːpərvàizər]	名 上司, 監督者 動 supervise「管理する, 監督する」
080	**merger** [mɔ́ːrdʒər]	名 合併 動 merge「合併する」
081	**refund** [ríːfʌnd; rifʌ́nd]	名 払い戻し 他動 ～を払い戻す full refund「全額払い戻し」 動 reimburse「払い戻す」
082	**inventory** [ínvəntɔ̀ːri]	名 在庫 out of inventory「在庫切れ」 動/名 stock「仕入れる / 在庫」
083	**warranty** [wɔ́(ː)rənti]	名 保証 under warranty「保証期間中で」
084	**itinerary** [aitínərèri]	名 旅程

12

We [updated] some information on our Web site.

私たちはウェブサイトの情報を更新しました。

The new engineers will work closely with their [supervisor].

新人エンジニアは上司と密接に仕事をします。

▶ closely「密接に」

The company decided on a [merger] with a Japan-based company.

その会社は日本に拠点を置く会社との合併を決めました。

▶ 017 company「会社」 Japan-based「日本を本拠にした」

You can return the item and receive a full [refund].

品物を返品し，全額払い戻しを受けることができます。

▶ 076 item「品物」

Please check the [inventory] before placing an order.

発注する前に在庫を確認してください。

▶ 003 place an order「注文する」

This refrigerator is covered by a one-year [warranty].

この冷蔵庫は1年の保証が適用されます。

▶ refrigerator「冷蔵庫」 cover「適用される」

Here is the [itinerary] for your business trip next month.

こちらが来月の出張の旅程です。

▶ business trip「出張」

前置詞・群前置詞のはたらき

前置詞：名詞や動名詞の前に置かれ，場所や時間，意味を補う際に使用する

> 例）I live **in** Tokyo.
> 私は東京に住んでいます。

群前置詞：2語以上の単語がつながって前置詞のような働きをする

> 例）I'll wait for you **in front of** the café.
> 私はカフェの前であなたを待ちます。

前置詞・郡前置詞	意味
among	～（3つ以上）の間に
between	～（2つ）の間に
apart from	～を除いて
except (for)	
in addition to	～に加えて
including	～を含んで
as for	～に関して
regarding /concerning	
regardless of	～とは関係なく
as of	～付で，～以降
as well as	～だけではなく
considering	～を考慮すると
given	
in light of	
despite	～にもかかわらず
in spite of	
due to / because of	～が原因で
during	～の間
following	～の後で
in case of	～の際は，～に備えて
in honor of	～を祝して
thanks to	～のおかげで
unlike	～と違って
within	～以内に

学習計画の立て方

「時間ができた時に学習しよう」と考えていると，いざ時間ができた時に何をやったらいいか迷ってしまい，迷った結果，「やらない」という一番ラクな選択をしてしまうことがよくあります。迷うことで時間やエネルギーを使わないためにも，まずは必ず計画を立てましょう。

学習計画のポイントは「箱を見つけ，中身を決めること」です。箱というのは時間のこと。学習に充てられる時間は一日どのくらいあるのかを把握することから始めます。1時間，2時間とそんなに大きな箱を見つける必要はありません。ポイントは最低10分から学習時間として見積もること。10分でできることは意外とたくさんあります。私の家は駅まで歩いて6分ですが，私はこの間に英語の音声を聞くことを習慣にしています。

箱を見つけたら今度は中身です。もちろん，中身は箱に収まるボリュームで考えなければいけません。15分あればTOEICのPart3やPart4の内容を音読するには十分ですし，30分程時間が取れるのであれば，問題集を広げて問題を解くことができます。もし平日に大きな時間が取れなければ，週末に時間のかかりそうな内容（新しい文法事項を学ぶ・問題を解くなど）を計画し，平日は細かい時間を使いながらその復習を1週間かけて行うプランにするのもいいでしょう。

| 085 □ □ □ | **ship**
[ʃíp] | 他動 ～を出荷する, ～を発送する
名 shipment「発送, 出荷」
名 shipping「出荷, 配送」
shipping fee「配送料」 |

| 086 □ □ □ | **duty**
[dʲúːti] | 名 義務, 職務
on duty「勤務時間中で」 |

| 087 □ □ □ | **remove**
[rimúːv] | 他動 ～を削除する, ～を取り除く |

| 088 □ □ □ | **immediately**
[imíːdiətli] | 副 すぐに
形 immediate「即座の」 |

| 089 □ □ □ | **account**
[əkáunt] | 名 顧客, 預金口座 |

| 090 □ □ □ | **policy**
[páləsi] | 名 方針 |

| 091 □ □ □ | **issue**
[íʃuː] | 名 (定期刊行物などの) 号, 問題
他動 ～を発行する, ～を公表する
名 problem「問題」 |

13

Your order will be shipped **within two business days.**

あなたの注文品は2営業日以内に出荷されます。

▶ 003 order「注文」 within「〜以内に」 business day「営業日」

It is our duty **to follow the plant safety rules.**

工場での安全ルールを守るのは私たちの義務です。

▶ 391 follow「守る」 207 plant「工場」

The incorrect data will be removed **as soon as possible.**

誤ったデータは早急に削除されます。

▶ incorrect「誤った」 321 as soon as possible「できる限り早く」

We need to make a decision immediately**.**

私たちはすぐに決断しなければなりません。

▶ make a decision「決定を下す」

We are looking to fill an account **manager position in Sydney.**

私たちはシドニーの顧客担当職を埋めようと考えています。

▶ be looking to ...「〜しようと思っている」 account manager「顧客担当」
205 position「職」

The new recycling policy **will go into effect next month.**

新しいリサイクルポリシーが来月から実施されます。

▶ recycling「リサイクル」 111 go into effect「実施される」

The spring issue **will be available nationwide on March 15.**

春号は3月15日に全国で発売されます。

▶ 032 available「入手できる」 490 nationwide「全国的に」

---

092 ☐ ☐ ☐	**demand** [dimǽnd]	名 要求, 需要 他動 ～を要求する 形 demanding「要求の多い」
093 ☐ ☐ ☐	**worth** [wə́ːrθ]	形 ～の価値がある
094 ☐ ☐ ☐	**figure** [fígjər]	名 数量, 価格
095 ☐ ☐ ☐	**industry** [índəstri]	名 工業, 産業 形 industrial「工業の, 産業の」 形 industrious「勤勉な」
096 ☐ ☐ ☐	**announce** [ənáuns]	他動 ～を発表する 名 announcement「発表」
097 ☐ ☐ ☐	**include** [inklúːd]	他動 ～を含む 前 including「～を含んで」 ⇔ 動 exclude「除外する」
098 ☐ ☐ ☐	**reasonable** [ríːznəbl]	形 手頃な

14

We need to meet the ⌈demands⌉ of our customers.

私たちはお客様のご要望にお応えする必要があります。

▶ meet「満たす」 252 002 065 customer「客」

This coupon is ⌈worth⌉ $10 off your total order.

このクーポンでご注文の合計金額より10ドル値引きいたします。

▶ 193 coupon「割引券」 003 order「注文」

The monthly sales ⌈figures⌉ were recently announced.

月次売上高が最近発表されました。

▶ sales figure「売上高」 273 recently「ここ最近」 096 announce「発表する」

She is known well in the Japanese music ⌈industry⌉.

彼女は日本の音楽業界でよく知られています。

The winner will be ⌈announced⌉ at the award ceremony.

受賞者は授賞式で発表されます。

▶ 039 award ceremony「授賞式」

The cost of this trip ⌈includes⌉ breakfast and dinner.

この旅費は朝食と夕食を含んでいます。

Everything is sold at ⌈reasonable⌉ prices at the flea market.

そのフリーマーケットではすべてが手頃な価格で売られています。

▶ flea market「フリーマーケット」

099 □ □ □
notice
[nóutəs]

名 通知, 掲示
自動 気づく

100 □ □ □
beverage
[bévəridʒ]

名 飲み物
同 drink「飲み物」

101 □ □ □
expect
[ikspékt]

他動 ～すると思う, ～を期待する,
　　 ～を待つ
名 expectation「期待」
be expected to ...「～を期待される」

102 □ □ □
rate
[réit]

名 料金
hourly rate「時給」

103 □ □ □
accept
[əksépt]

他動 ～を受け入れる
名 acceptance「受諾, 採用」

104 □ □ □
contain
[kəntéin]

他動 ～を含む
名 container「容器」
動 include「含む」

105 □ □ □
position
[pəzíʃən]

名 職, 地位, 身分

15

Please wait until further [notice].

追って通知があるまでお待ち下さい。

The new restaurant served free food and [beverages] on opening day.

その新しいレストランは開店日に無料の食べ物と飲み物を提供しました。

▶ 074 serve「提供する」　198 free「無料の」　271 opening「開店」

She [expects] me to be back in the office by five o'clock.

彼女は私が5時までにオフィスに戻ると思っています。

▶ expect A to ...「A が〜するのを期待する」

We offer a special [rate] for groups.

団体のお客様には特別料金をご用意しております。

▶ 007 offer「提供する」

Thank you for [accepting] my proposal.

私の提案を受け入れていただきありがとうございます。

▶ 026 385 proposal「提案」

The Web site [contains] many reviews from our users.

そのウェブサイトはユーザーからのレビューを多く載せています。

▶ 059 review「批評」　user「利用者」

Mr. Kato will take over my [position] on the team.

加藤さんがチームでの私の仕事を引き継ぎます。

▶ take over ...「〜を引き継ぐ」

106 ☐ ☐ ☐	**board** [bɔ́ːrd]	名 重役 他動 ～に乗り込む 自動 搭乗中である board of directors「取締役会」
107 ☐ ☐ ☐	**detail** [díːteil, ditéil]	名 詳細 他動 ～を詳しく述べる in detail「詳しく」 形 detailed「詳細な」
108 ☐ ☐ ☐	**complete** [kəmplíːt]	他動 ～を仕上げる, ～に記入する 形 完全な 名 completion「完成」 副 completely「完全に」 fill out「記入する」
109 ☐ ☐ ☐	**interview** [íntərvjùː]	名 面接, インタビュー 自動 インタビューをする 名 interviewer「面接官」 名 interviewee「面接を受ける人」
110 ☐ ☐ ☐	**various** [véəriəs]	形 さまざまな 名 variety「多様さ, 種類」
111 ☐ ☐ ☐	**effective** [iféktiv]	形 効果的な 名 effect「効果」 go into effect「実施される」 副 effectively「効果的に」
112 ☐ ☐ ☐	**approve** [əprúːv]	他動 ～を承認する 名 approval「承認」

16

The [board] will discuss the new advertising project on Tuesday.

重役は、火曜日に新しい広告プロジェクトについて話し合う予定です。

▶ advertising「広告の」

Please contact us for more [details].

詳細はお問い合わせください。

▶ contact「連絡する」

It only takes five minutes to [complete] the form.

たった5分でフォームに記入できます。

I will have a job [interview] on Monday.

月曜日に仕事の面接があります。

▶ job interview「就職の面接」

Athletes from [various] countries took part in the marathon.

さまざまな国の選手がマラソンに参加しました。

▶ athlete「アスリート」 178 take part in ...「～に参加する」
marathon「マラソン」

We need to find [effective] ways to increase sales.

売上を上げるための効果的な方法を見つけなければなりません。

▶ 020 increase「増やす」

The city government [approved] the construction plan.

市役所は建設計画を承認しました。

▶ city government「市役所」 043 construction「建設」

113 □ □ □
eager
[íːgər]

形 切望した, 熱心な

114 □ □ □
opportunity
[àpərtjúːnəti]

名 機会

115 □ □ □
contract
[kántrækt; kəntrǽkt]

名 契約
他動 〜を契約する
自動 契約をする
make a contract「契約を結ぶ」

116 □ □ □
address
[ədrés; ǽdres]

他動 〜に対処する, 〜に演説する
名 住所

117 □ □ □
extremely
[ikstríːmli]

副 とても, 極めて
形 extreme「極度の」

118 □ □ □
feature
[fíːtʃər]

他動 (イベントや記事など) 〜を特集する, 〜を呼び物にする
名 呼び物, 特長, 機能

119 □ □ □
release
[rilíːs]

他動 (本など) 〜を発売する, (情報など) 〜を公開する
名 発売, 公開

17

She is [eager] to work abroad.

彼女は海外で働くことを切望しています。

I missed the [opportunity] to visit him.

彼を訪ねる機会を逃してしまいました。

I signed a [contract] with the landlord.

私は家主と契約を結びました。

▶ **210** **425** sign「結ぶ」 landlord「大家」

We have to [address] the issue as soon as possible.

できるだけ早急にその問題に対処しなければなりません。

▶ **091** issue「問題」 **321** as soon as possible「できる限り早く」

It's [extremely] hot today.

今日はとても暑いです。

The magazine [features] interviews with famous artists.

その雑誌は著名なアーティストのインタビューを特集しています。

▶ **109** interview「インタビュー」

His new album will be [released] next week.

彼の新しいアルバムは来週発売されます。

---

120 ☐ ☐ ☐	**affect** [əfékt]	他動 ～に影響を与える 動/名 influence「影響を与える/影響」
121 ☐ ☐ ☐	**recognize** [rékəgnàiz]	他動 ～を表彰する, ～を評価する, ～を識別する 名 recognition「認識」 brand recognition「ブランド認知」
122 ☐ ☐ ☐	**encourage** [enkə́:ridʒ]	他動 ～を勧める encourage A to do「A に～するよ うに勧める」 名 encouragement「励まし」
123 ☐ ☐ ☐	**fee** [fíː]	名 料金
124 ☐ ☐ ☐	**complex** [kɔ́mpleks; kɑ(ː)mpléks]	名 複合施設 形 複雑な, 複合の
125 ☐ ☐ ☐	**afford** [əfɔ́ːrd]	他動 (金銭的・時間的に) ～する余裕 がある can't afford to do「～する余裕がない」
126 ☐ ☐ ☐	**fund** [fʌ́nd]	名 資金 他動 ～に資金を出す 名 fund-raising「資金集め」

46

18

The flight change won't affect the schedule.

フライトの変更はスケジュールに影響しないでしょう。

▶ 365 schedule「スケジュール」

We'd like to recognize her for her new findings.

新しい発見をした彼女を表彰したいと思います。

▶ finding「発見」

She encouraged me to volunteer for the community project.

彼女は私に地域のプロジェクトのボランティアをするよう勧めました。

▶ volunteer「ボランティア活動をする」 community「地域社会」

The parking fee is free for one hour from entry.

駐車料金は入館してから1時間無料です。

▶ parking fee「駐車料金」 198 free「無料の」 entry「入ること」

An apartment complex with 20 units was built last year.

昨年，総戸数20戸の集合住宅が建設されました。

▶ apartment complex「集合住宅」 unit「一戸」

We can't afford to buy new equipment.

新しい機器を買う余裕がありません。

▶ 048 buy「買う」 030 479 equipment「機器」

The company needed funds to open a new store.

その会社は新店舗を開くために資金を必要としていました。

▶ 017 company「会社」 368 store「店」

---

127 □ □ □
benefit
[bénəfit]

名 特典, 利益
他動 ～の利益になる 自動 利益を得る
benefit from ...「～から利益を得る」
employee benefits「福利厚生」

128 □ □ □
recommend
[rèkəménd]

他動 ～を勧める
recommend *doing*「～することを勧める」
名 recommendation「推薦, 推薦状」

129 □ □ □
function
[fʌ́ŋkʃən]

自動 作動する, 機能する
名 機能
動 work「機能する」

130 □ □ □
attach
[ətǽtʃ]

他動 ～を添付する
attach *A* to *B*「A を B に添付する」
名 attachment「添付書類」

131 □ □ □
rent
[rént]

他動 ～を賃借りする, ～を賃貸しする
自動 賃借りできる, 賃貸しされる
名 賃貸料, 家賃
形 rental「賃貸の」

132 □ □ □
committee
[kəmíti]

名 委員会
動 commit「ゆだねる」

133 □ □ □
sufficient
[səfíʃənt]

形 十分な
副 sufficiently「十分に」
形 enough「十分な」

19

Free delivery is a boxed{benefit} **of membership.**

配送料無料は会員特典です。

▶ 198 free「無料の」 250 delivery「配達」 membership「会員であること」

I highly boxed{recommend} **booking a table.**

お席の予約を強くお勧めします。

▶ 231 highly「非常に」 206 booking「予約」 table「食事の席」

The copy machine doesn't boxed{function} **well.**

コピー機がうまく動きません。

I have boxed{attached} **my profile to this e-mail.**

このメールに私のプロフィールを添付しました。

▶ 055 profile「プロフィール」

How about boxed{renting} **a car for a few days?**

数日間, 車を借りるのはどうですか。

▶ How about ...「～はどうですか」

---

boxed{Committee} **members meet once a month.**

委員会のメンバーは月に1回集まります。

His explanation was not boxed{sufficient}.

彼の説明は十分ではありませんでした。

▶ explanation「説明」

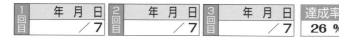

134 □
□
□ **legal**
[líːgl]

形 法律の

135 □
□
□ **income**
[ínkʌm]

名 収入, 所得

136 □
□
□ **otherwise**
[ʌ́ðərwàiz]

副 さもなければ

137 □
□
□ **individual**
[ìndəvídʒuəl]

名 個人
形 個人の

138 □
□
□ **supply**
[səplái]

名 生活必需品, 補給品
※ 通常複数形で用いる
他動 〜を供給する
图 supplier「供給業者, 納入業者」

139 □
□
□ **concern**
[kənsə́ːrn]

他動 〜を心配させる
名 懸念, 不安
前 concerning「〜に関して」

140 □
□
□ **range**
[réindʒ]

自動 (範囲が) 及んでいる
名 範囲
range from A to B「AからBに及ぶ」

20

He received [legal] advice before starting his business.

彼はビジネスを始める前に法的な助言を受けました。

His [income] is lower than last year.

彼の収入は昨年と比べて下がりました。

You'd better leave now. [Otherwise], you will miss the train.

もう出発したほうがいいですよ。さもなければ電車を逃します。

Each [individual] is asked to write their name on the list.

各人がリストに名前を書くように求められます。

Please order office [supplies] through the online form.

オフィス用品はオンラインフォームからご注文ください。

▶ 003 order「注文する」 office supplies「事務用品」 online「オンラインの」

They are [concerned] about his new business.

彼らは彼の新しいビジネスを心配しています。

Visitors [ranged] from children to adults.

訪問者は子供から大人までに及びました。

141 □ □ □ **commercial** [kəmə́ːrʃl]	形 商業の 名 (テレビ・ラジオなどの) コマーシャル
142 □ □ □ **accompany** [əkʌ́mpəni]	他動 ～に同行する
143 □ □ □ **property** [prɑ́pərti]	名 不動産 real estate agency「不動産屋」
144 □ □ □ **region** [ríːdʒən]	名 地域 類 area「地域」
145 □ □ □ **enthusiastic** [enθjùːziǽstik]	形 熱心な enthusiastic about ...「～に熱心だ」 名 enthusiast「熱心な人」 形 passionate「情熱的な」
146 □ □ □ **despite** [dispáit]	前 ～にもかかわらず in spite of ...「～にもかかわらず」
147 □ □ □ **appropriate** [əpróupriət]	形 適切な 副 appropriately「適切に」

Our office is in the [commercial] **district.**

私たちのオフィスは商業地区にあります。

▶ 233 district「地区」

Ms. Smith will [accompany] **me on my business trip.**

Smith さんは私の出張に同行します。

▶ business trip「出張」

Please don't enter the [property] **until the end of June.**

6 月末までは不動産に立ち入らないでください。

It is warm in this [region] **throughout the year.**

この地域は年間を通じて暖かいです。

▶ throughout「～を通じて」

All the students are [enthusiastic] **about learning English.**

すべての生徒が英語を学ぶのに熱心です。

The product sold well [despite] **its high price.**

高い価格にもかかわらず, その製品はよく売れました。

▶ 375 product「製品」

I think she made an [appropriate] **decision.**

彼女は適切な決断をしたと思います。

▶ make a decision「決定を下す」

148 ☐ ☐ ☐ **distribute** [distríbjət]	他動 ～を配布する 名 distributor「販売業者」 名 distribution「配布」 hand out「配布する」
149 ☐ ☐ ☐ **assume** [əsjú:m]	他動 (責任など) ～を負う, ～を推測する
150 ☐ ☐ ☐ **extension** [iksténʃən]	名 延長, 拡張 extension number「内線番号」 形 extensive「広い, 広範囲に及ぶ」
151 ☐ ☐ ☐ **reception** [risépʃən]	名 受付, 歓迎会 名 receptionist「受付係」
152 ☐ ☐ ☐ **initial** [iníʃl]	形 最初の 動 initiate「始める」 副 initially「はじめに」
153 ☐ ☐ ☐ **regarding** [rigá:rdiŋ]	前 ～に関して in regard to ...「～に関して」
154 ☐ ☐ ☐ **focus** [fóukəs]	他動 ～に焦点を合わせる 自動 着目する 名 焦点 focus group「(製品やサービスなどに対する市場調査をするために集められた) 顧客グループ」

22

We [distributed] free samples at the mall.

私たちはショッピングモールで無料のサンプルを配布しました。

▶ 198 free「無料の」mall「ショッピングモール」

We [assume] responsibility for the damage to your baggage.

手荷物の破損については, 当社が責任を負います。

▶ responsibility「責任」baggage「手荷物」

She asked the manager for an [extension] to the deadline.

彼女はマネージャーに締め切りの延長を求めました。

▶ deadline「締切」

Please take a brochure from the [reception] desk.

受付カウンターからパンフレットをお取りください。

▶ 077 363 brochure「パンフレット」reception desk「受付カウンター」

You should think about the [initial] costs first.

最初に初期費用について考えるべきです。

▶ initial cost「初期費用」

This is the information [regarding] the company retreat.

こちらは社員旅行に関する情報です。

▶ 017 company retreat「社員旅行」

We will [focus] on the foreign market next year.

来年は海外市場に焦点を合わせていくつもりです。

155 □ □ □
potential
[pəténʃəl]

形 潜在的な, 可能性のある
potential customer「見込み客」

156 □ □ □
indicate
[índikèit]

他動 ～を示す
名 indication「兆候, しるし」

157 □ □ □
urgent
[ə́:rdʒənt]

形 緊急の
副 urgently「緊急に」

158 □ □ □
apologize
[əpálədʒàiz]

自動 詫びる, 謝る
名 apology「謝罪」

159 □ □ □
expand
[ikspǽnd]

他動 ～を拡大する
自動 拡大する
expand into ...「～に進出する」
名 expansion「拡大, 展開」

160 □ □ □
acquire
[əkwáiər]

他動 ～を得る, ～を習得する
名 acquisition「取得, 買収」
動 obtain「手に入れる」

161 □ □ □
estimate
[éstəmət; éstəmèit]

名 見積り
他動 ～を見積る

23

I will send a list of [potential] customers.

見込み客のリストを送ります。

▶ 252 002 065 customer「客」

This icon [indicates] the battery level of the camera.

このアイコンはカメラのバッテリーレベルを示しています。

▶ icon「アイコン」 battery「バッテリー」

We have received an [urgent] request from our client.

お客様から緊急の依頼を受けました。

▶ 212 request「要求」 002 065 252 client「顧客」

We deeply [apologize] for the inconvenience.

ご迷惑をおかけしていることを深くお詫びいたします。

▶ inconvenience「不便」

The company is going to [expand] into the Asian market.

その会社はアジア市場に進出するつもりです。

▶ 017 company「会社」 Asian「アジアの」

You can [acquire] a basic knowledge of finance from this seminar.

このセミナーでは財務の基礎知識を得ることができます。

▶ 431 basic「基本の」 027 finance「財務」 seminar「セミナー」

We will provide you with a free moving [estimate].

無料の引っ越し見積りを提供いたします。

▶ 251 007 provide A with B「A に B を提供する」 198 free「無料の」 moving「引越しの」

162

via
[váiə, víːə]

前 ～によって, ～を経由して

163

guarantee
[gæ̀rəntíː]

他動 ～を保証する
名 保証, 保証書
類 warranty「保証」

164

reference
[réfərəns]

名 照会, 照会先
for your reference「参考用に」
動 refer「人を紹介する, 参照する」

165

alternative
[ɔːltə́ːrnətiv]

形 別の, 代わりの
名 代替手段
副 alternatively「その代わりに」

166

destination
[dèstənéiʃən]

名 目的地

167

generous
[dʒénərəs]

形 寛大な, 気前のよい
副 generously「気前よく, 寛大に」

168

investment
[invéstmənt]

名 投資
動 invest「投資する」
invest in ...「～に投資する」
類 investor「投資家」

24

I'll send an invitation [via] e-mail.

招待状はメールで送ります。

Seats are not [guaranteed] until we receive your payment.

お支払いを受け取るまで, お席は確保されません。

▶ **274** payment「支払い」

Please send two [reference] letters with your résumé.

履歴書と一緒に2名分の推薦状をお送りください。

▶ **reference letter**「推薦状」 **055** résumé「履歴書」

The travel agent suggested some [alternative] accommodations.

旅行代理店は別の宿泊先をいくつか提案しました。

▶ **travel agent**「旅行代理店」 **378** suggest「提案する」
344 accommodation「宿泊施設」

Paris is one of the most popular tourist [destinations].

パリは最も人気のある観光地のひとつです。

Thank you for your [generous] support.

皆様の寛大なご支援に感謝いたします。

I decided to make an [investment] in the new venture.

その新事業へ投資することに決めました。

▶ **make an investment**「投資をする」 **venture**「ベンチャービジネス」

接続詞

接続詞のはたらき

さまざまな接続詞の種類がありますが，ここでは従属接続詞を紹介します。
従属接続詞は後ろに従属節（主語＋動詞……）をつなぎ，主節と従属節の2
つの文を1つの文にする働きがあります。

例）It was raining **when** I went shopping.
　　買い物に出かけた時，雨が降っていました。

接続詞	意味
although	～にもかかわらず
even though	
though	
as long as	～する限り
as soon as	～するとすぐに
because	～なので
since	
even if	たとえ～でも
if	もし～なら，～かどうか
unless	もし～でなければ
only if	～の場合に限り
in case	～するといけないので
in order that	～するために
now that	今はもう～なので
once	いったん～すると
provided that	～という条件で
so that	～するように
until	～まで
when	～する時
whereas	一方で
whether	～であろうと，～かどうか
while	～する間，一方

※ since は前置詞「～以来」の用法もあります。
※ untill は前置詞の用法もあります。意味は接続詞と同じです。

単語の覚え方 ①

よく「記憶力が悪いから単語がなかなか覚えられない」という悩みを聞きます。でも，単語が覚えられないのは記憶力のせいではなく，覚え方の問題かもしれません！そもそも脳は，よほどのインパクトが無い限り，一度では物事を覚えられないようになっています。つまり，単語学習では「覚えて，忘れて，思い出す」という作業を何回も繰り返すことが大事なのです。正確に言うと，大事なのは「記憶する」ことより「思い出す」ことです。

「覚える⇒忘れる⇒思い出す」というプロセスを何度も何度も繰り返しましょう。まずは 10 分でもいいので，すばやく 10 個の単語に目を通します。このときは「覚えられたら覚えよう」くらいの気持ちで構いません。そして，いったん時間を置き，もう一度 10 分程かけて同じ 10 単語に目を通します。これを 1 日の間に 6 回繰り返すと 1 時間かかることになりますが，1 時間まとめて学習するよりも，あえて時間を細切れに使って同じ単語に頻繁に触れることで，定着率を上げることができるのです！

つまり，単語学習はスキマ時間と非常に相性のいい学習だといえるでしょう。電車を待っている時間，昼休み，寝る前の休憩時間など，最低 10 分の時間があれば単語学習に充てましょう。また，お風呂に入りながら，料理を作りながら，運転しながらでも英単語の音声を聞き，耳からのインプットに徹するようにしましょう！

169 □ □ □
outstanding
[àutstǽndiŋ]

形 未払いの, 傑出した, 目立った

170 □ □ □
implement
[ímpləmènt]

他動 〜を導入する, 〜を実行する
動 introduce「導入する, 紹介する」

171 □ □ □
negotiate
[nigóuʃièit]

他動 〜を交渉する
自動 交渉する
negotiate with ...「〜と交渉する」
名 negotiation「交渉」

172 □ □ □
prescription
[priskrípʃən]

名 処方箋

173 □ □ □
competitive
[kəmpétətiv]

形 競争力のある
名 competitor「競争相手」
名 competition「競争, 競技会」

174 □ □ □
reservation
[rèzərvéiʃən]

名 予約
動 reserve「予約する」

175 □ □ □
specialize
[spéʃəlàiz]

自動 専門とする
specialize in ...「〜を専門にする」
名 specialty「専門分野」

25

I still have an [outstanding] balance on my credit card.

未払いのクレジットカード残高がまだあります。

▶ balance「残高」 credit card「クレジットカード」

The company [implemented] a stricter dress code policy.

その会社はより厳しい服装規定の方針を導入しました。

▶ 017 company「会社」 strict「厳しい」 dress code「服装規定」
090 policy「方針」

They are [negotiating] a purchase price now.

現在, 彼らは購入価格を交渉しています。

▶ 048 purchase「購入」

Your [prescription] will be ready within 30 minutes.

処方箋は 30 分以内に準備できます。

▶ within「〜以内に」

Our electronics store offers the most [competitive] prices in this area.

私達の電器店では, この地域で最も競争力のある価格で提供しています。

▶ 368 electronics store「電器店」 007 offer「提供する」 144 area「地域」

I'd like to make a [reservation] for five people.

5 人分の予約を取りたいのですが。

▶ make a reservation「予約をする」

He [specializes] in writing novels.

彼は小説を書くことを専門としています。

176

grocery
[gróusəri]

名 食料品店, 食料品

177

flexible
[fléksəbl]

形 柔軟な
名 flexibility「柔軟性」

178

participate
[pɑːrtísəpèit, pər-]

自動 参加する
名 participant「参加者」
名 participation「参加」
take part in ...「～に参加する」

179

register
[rédʒistər]

自動 登録する　他動 ～を登録する
名 登録
register for ...「～に登録する」
名 registration「登録」

180

promptly
[prámptli]

副 ちょうど, すばやく
形 prompt「迅速な」

181

stack
[stǽk]

他動 ～を積み重ねる
pile up「積み重ねる」

182

revenue
[révənjùː]

名 収益

26

There are a few [grocery] stores in my neighborhood.

近所にはいくつかの食料品店があります。

▶ 368 grocery store「食料品店」 neighborhood「近所」

The company introduced [flexible] working hours.

その会社はフレックスタイム制を導入しました。

▶ 017 company「会社」 223 170 introduce「導入する」
flexible working hours「フレックスタイム制」

He [participated] in the cleanup activity.

彼は清掃活動に参加しました。

▶ cleanup「掃除」

Many people have [registered] for the oil painting class.

多くの人が油絵教室に登録しています。

▶ oil painting「油絵」

The meeting began [promptly] at two o'clock.

打ち合わせは2時ぴったりに始まりました。

▶ 049 meeting「打ち合わせ」

Some books are [stacked] on the desk.

何冊かの本が机の上に積み重なっています。

[Revenue] fell sharply in the second quarter.

第2四半期の収益は大幅に減少しました。

▶ sharply「鋭く」 quarter「四半期」

183 ☐ ☐ ☐ **acknowledge** [əknálidʒ]	他動 ～を認める
184 ☐ ☐ ☐ **retail** [rí:teil]	形 小売の 图 retailer「小売業者」
185 ☐ ☐ ☐ **confidential** [kànfidénʃl]	形 機密の
186 ☐ ☐ ☐ **enhance** [enhǽns]	他動 ～を高める 图 enhancement「強化」
187 ☐ ☐ ☐ **bid** [bíd]	名 入札 自動 入札する
188 ☐ ☐ ☐ **invoice** [ínvɔis]	名 請求書, 送り状 图 bill「請求書」
189 ☐ ☐ ☐ **workplace** [wə́:rkplèis]	名 職場, 仕事場

27

The team leader [acknowledged] the need to change the plan.

チームリーダーは計画を変更する必要性を認めました。

▶ 225 leader「リーダー」

We have more than 20 [retail] outlets nationwide.

全国に 20 以上の小売店を展開しています。

▶ 461 retail outlet「小売店」 490 nationwide「全国的に」

Please keep these documents [confidential].

これらの資料は機密扱いにしてください。

▶ 286 document「資料」

The campaign [enhanced] the company's image.

そのキャンペーンは会社のイメージを高めました。

▶ 017 company「会社」

Our [bid] for the project was accepted.

プロジェクトでの我々の入札が受け入れられました。

▶ 103 accept「受け入れる」

I haven't received the [invoice] yet.

まだ請求書を受け取っていません。

She is reviewing their [workplace] policies.

彼女は職場の方針を見直しています。

▶ 059 review「見直す」 090 policy「方針」

1回目	年　月　日 ／7	2回目	年　月　日 ／7	3回目	年　月　日 ／7	達成率 37 %

190 □
□
□ **defective**
[diféktiv]

形 欠陥のある
名 defect「欠陥」
形 faulty「欠陥のある」

191 □
□
□ **enroll**
[enróul]

自動 登録する, 入会する
他動 ～を登録させる, ～を入会させる
enroll in ...「～に登録する」
名 enrollment「登録者数, 入学」

192 □
□
□ **warehouse**
[wéərhàus]

名 倉庫

193 □
□
□ **voucher**
[váutʃər]

名 クーポン券, 引換券
名 coupon「割引券」

194 □
□
□ **notify**
[nóutəfài]

他動 ～に知らせる
notify A of B「A に B を知らせる」
動 inform「知らせる」

195 □
□
□ **durable**
[djúrəbl]

形 耐久性のある
名 durability「耐久性」

196 □
□
□ **questionnaire**
[kwèstʃənéər]

名 アンケート

28

We will replace all [defective] items.

欠陥のある商品はすべて交換いたします。

▶ 260 replace「取り替える」 076 item「品物」

He [enrolled] in the course to learn business writing skills.

彼はビジネス文書のライティングスキルを学ぶため, そのコースに登録しました。

We don't have enough room in the [warehouse].

倉庫に十分な空きはありません。

▶ 133 enough「十分な」

We'll give you a [voucher] for your next purchase.

次回のお買い物に使えるクーポン券をお渡しします。

▶ 048 purchase「購入」

She [notified] me of the error this morning.

けさ, 彼女は私に手違いを知らせてくれました。

These new suitcases are made of [durable] materials.

これらの新しいスーツケースは耐久性のある素材でできています。

▶ made of ...「～でできている」 237 material「材料」

We'll collect the [questionnaires] at the end of the seminar.

セミナーの最後にアンケートを集めます。

▶ seminar「セミナー」

197 □ □ □ **expire** [ikspáiər]	自動 有効期限が切れる 名 expiration「期限切れ」 expiration date「有効期限」
198 □ □ □ **complimentary** [kà(:)mpləméntəri]	形 無料の 形 free「無料の」
199 □ □ □ **venue** [vénju:]	名 開催地
200 □ □ □ **eligible** [élidʒəbl]	形 資格のある
201 □ □ □ **relocate** [rì:lóukeit]	他動 〜を移転させる 自動 移転する 名 relocation「移転, 転勤」
202 □ □ □ **upcoming** [ápkλmiŋ]	形 次回の, もうすぐやってくる
203 □ □ □ **efficiently** [ifíʃəntli]	副 効率的に 名 efficiency「効率」 形 efficient「効率的な」

29

I'm afraid that your credit card has already [expired].

申し訳ありませんが. お客様のクレジットカードはすでに有効期限が切れています。

▶ **I'm afraid that ...**「申し訳ありませんが～」 **credit card**「クレジットカード」

A [complimentary] shuttle bus is available from the airport.

無料のシャトルバスが空港からご利用いただけます。

▶ **shuttle bus**「シャトルバス」 **032 available**「利用できる」

She is still trying to find a [venue] for the lunch meeting.

彼女はまだランチミーティングの場所を探そうとしています。

▶ **049 lunch meeting**「ランチミーティング」

New gym members are [eligible] for a free health consultation.

ジムに新規入会された方は. 無料の健康相談を受けられます。

▶ **198 free**「無料の」 **455 health consultation**「健康相談」

Our office was [relocated] to New York last year.

私たちのオフィスは. 昨年ニューヨークへ移転しました。

Where can I get information about the [upcoming] job fair?

次回の就職説明会の情報はどこで入手できますか。

▶ **job fair**「就職説明会」

You should buy a new computer to work more [efficiently].

もっと効率的に仕事をするために. 新しいコンピューターを買うべきです。

▶ **048 buy**「買う」

204 □
□
□
present
[prizént; préznt]

他動 ～を提示する, ～を提出する,
　　～を発表する
名 贈り物

205 □
□
□
hold
[hóuld]

他動 ～を持っている, ～を開催する

206 □
□
□
book
[búk]

他動 ～を予約する
　名 booking「予約」

207 □
□
□
plant
[plǽnt]

名 植物, 工場
他動 ～を植える

208 □
□
□
note
[nóut]

他動 ～に注意する
名 メモ

209 □
□
□
last
[lǽst]

自動 続く

210 □
□
□
sign
[sáin]

自動 署名する, (契約など) 結ぶ
名 看板
　名 signature「署名」

30

You must [present] **some photo ID at the entrance.**

入口で写真付きの身分証明書を必ずご提示ください。

▶ 349 photo ID＝identification「写真付きの身分証」

The man is [holding] **a heavy package.**

男性は重い荷物を抱えています。

What time would you like me to [book] **the flight?**

何時の飛行機を予約しましょうか。

Potted [plants] **are placed on the floor in rows.**

鉢植えが床に並んで置かれています。

▶ potted「鉢に入った」 in rows「列をなして」

Please [note] **that payment is due next week.**

支払いは来週が期限ですのでご注意ください。

▶ 274 payment「支払い」 257 due「支払い期限のきた」

The tour will [last] **about two hours.**

ツアーは約2時間続きます。

▶ 056 about「約」

You can [sign] **up for the weekly magazine over the phone.**

電話で週刊誌を申し込むことができます。

▶ 425 sign up「申し込む」 over the phone「電話で」

211 □
□
□ **necessary**
[nésəsèri]

形 必要な

212 □
□
□ **request**
[rikwést]

他動 〜を依頼する
名 要求

213 □
□
□ **examine**
[igzǽmin]

他動 〜を調べる, 〜を観察する
名 examination「試験, 調査」

214 □
□
□ **attention**
[əténʃən]

名 注目, 注意

215 □
□
□ **publish**
[pʌ́bliʃ]

他動 〜を出版する
名 publisher「出版社」
名 publication「出版物, 公表」

216 □
□
□ **clerk**
[klə́ːrk]

名 店員, 事務員

217 □
□
□ **fix**
[fíks]

他動 〜を修理する,
　　　(日時など) 〜を決定する

31

You can change the day, if [necessary].

もし必要ならば, 日程を変更できます。

He [requested] **a Japanese speaking guide for the tour.**

彼はツアーに日本語を話すガイドを依頼しました。

The researchers carefully [examined] **the new samples.**

研究者たちは新しいサンプルを注意深く調べました。

▶ 283 researcher「研究者」

Dr. Arden's report has attracted [attention] **worldwide.**

Arden 博士による報告書は世界中の注目を集めました。

▶ 289 attract「引きつける」worldwide「世界中で」

Ms. Kelly is going to [publish] **a cooking book next month.**

来月, Kelly さんは料理本を出版する予定です。

He has worked as a sales [clerk] **at this store.**

彼はこの店で店員として働いています。

▶ sales clerk「店員」 368 store「店」

I've come to [fix] **the photocopier.**

コピー機を修理するために来ました。

▶ photocopier「コピー機」

218

raise
[réiz]

(他動) ～を上げる, ～を栽培する

219

comfortable
[kʌ́mftəbl]

(形) 快適な, 心地よい
(名) comfort「快適さ」
(副) comfortably「心地よく」

220

degree
[digríː]

(名) 学位, 度合い
bachelor's degree「学士号」
master's degree「修士号」

221

share
[ʃéər]

(他動) ～を共有する
(名) shareholder「株主」

222

valuable
[vǽljuəbl]

(形) 貴重な
(動/名) value「(高く) 評価する / 価値」

223

introduce
[intrədjúːs]

(他動) ～を導入する, ～を紹介する
(名) introduction「紹介, 導入」

224

general
[dʒénərl]

(形) 一般的な
in general「一般に」
(副) generally「一般に」

32

We changed our supplier because they [raised] their prices.

供給業者が値段を上げたため, 私たちは業者を変更しました。

▶ 138 supplier「供給業者」

Please wear [comfortable] clothes and shoes for the walking tour.

散策ツアーには快適な服と靴でご参加ください。

He has a [degree] in economics.

彼は経済学の学位を持っています。

▶ economics「経済学」

I'd like you to [share] your ideas.

あなたの考えをお聞かせください。

She gained [valuable] work experience from her internship.

彼女はインターンシップで貴重な実務経験を得ました。

▶ internship「インターンシップ」

We will [introduce] a new delivery tracking system next month.

来月には新しい配送追跡システムを導入します。

▶ 250 delivery「配達」 tracking「追跡」

He has a [general] knowledge of Japanese culture.

彼は日本文化に関する一般的な知識があります。

225 ☐
☐
☐ **lead**
[líːd]

(他動) 〜を率いる，〜を案内する
图 leader「指導者，リーダー」

226 ☐
☐
☐ **direct**
[dərékt, dai-]

(他動) (注意・感情など) 〜を向ける，
　　　〜を指導する，〜に道を教える
(形) 直接の，まっすぐな
图 direction「指導，方向」

227 ☐
☐
☐ **handle**
[hǽndl]

(他動) 〜を扱う，〜を操作する
(名) ハンドル

228 ☐
☐
☐ **prevent**
[privént]

(他動) 〜を妨げる
prevent A from *doing*「A が〜す
るのを妨げる」
图 prevention「防止」

229 ☐
☐
☐ **allow**
[əláu]

(他動) 〜を可能にする，
　　　〜を許可する，〜を充てる
allow A to *do*「A が〜するのを可能
にする」
图 allowance「手当」

230 ☐
☐
☐ **load**
[lóud]

(他動) 〜を積み込む
load A into B「A を B に積み込む」
(動) unload「降ろす」

231 ☐
☐
☐ **highly**
[háili]

(副) 非常に

33

Dr. Lance is [leading] the team of scientists at the laboratory.

Lance博士がこの研究所の科学者チームを率いています。

▶ **061** laboratory「研究所」

All questions should be [directed] to the Human Resources Department.

すべての質問は人事部にお寄せください。

▶ **319** / **004** human resources department「人事部」

This vacuum cleaner is light and very easy to [handle].

この掃除機は軽くてとても扱いやすいです。

▶ vacuum cleaner「掃除機」

The flight delay [prevented] us from arriving on time.

飛行機の遅延により. 時間どおりに到着できませんでした。

▶ **018** delay「遅延」 **235** arrive「到着する」 on time「時間どおりに」

The new system will [allow] us to cut costs by 30%.

新しいシステムではコストを30%削減できるでしょう。

The man is [loading] boxes into the truck.

男性がトラックに箱を積み込んでいます。

She is a [highly] skilled car mechanic.

彼女は非常にスキルの高い自動車整備士です。

▶ skilled「熟練した」 car mechanic「自動車整備士」

232 □
□
□ **inform**
[infɔ́ːrm]

他動 ～に知らせる
inform A of B「A に B を知らせる」
動 notify「知らせる」

233 □
□
□ **district**
[dístrikt]

名 地区

234 □
□
□ **permit**
[pərmít; pə́ːrmit]

他動 ～を許可する, ～を認める
名 許可証
名 permission「許可」

235 □
□
□ **arrival**
[əráivl]

名 到着
動 arrive「到着する」

236 □
□
□ **praise**
[préiz]

他動 ～を称賛する
名 称賛
praise for ...「～のことで褒める」

237 □
□
□ **material**
[mətíəriəl]

名 材料, 資材

238 □
□
□ **public**
[pʌ́blik]

形 公の
the public「一般の人々」

34

I'll [inform] her that you can't make it.

あなたは間に合わないと彼女に知らせておきます。

▶ make it「時間に間に合う」

Oliver became a [district] manager last month.

先月, Oliver は地区マネージャーになりました。

You are not [permitted] to park your car here.

ここに車を停めるのは許可されていません。

▶ park「駐車する」

The driver is waiting for you at the [arrival] gate.

運転手が到着ゲートでお待ちしています。

▶ arrival gate「到着ゲート」

He was [praised] for his quick action.

彼は迅速な行動で称賛されました。

We import raw [materials] from several countries.

私たちは数か国から原材料を輸入しています。

▶ import「輸入する」raw material「原材料」

The new museum will open to the [public] next week.

新しい美術館は来週一般公開されます。

| 239 □ □ □ | **aware** [əwéər] | 形 気がついている 名 awareness「自覚, 気づいていること」 |

| 240 □ □ □ | **improve** [imprúːv] | 自動 (状態が) よくなる 他動 ～を改善する 名 improvement「改善」 |

| 241 □ □ □ | **standard** [stǽndərd] | 名 基準 |

| 242 □ □ □ | **method** [méθəd] | 名 方法 |

| 243 □ □ □ | **passenger** [pǽsəndʒər] | 名 乗客 |

| 244 □ □ □ | **successful** [səksésfl] | 形 成功した 動 succeed「成功する, あとを継ぐ」 名 success「成功」 |

| 245 □ □ □ | **earn** [ə́ːrn] | 他動 (金・名声など) ～を得る |

35

Please be [aware] that we are closed on Monday.

月曜日は定休日ですのでお気をつけください。

▶ be aware that ...「～を注意してください」

The weather is expected to [improve] over the weekend.

週末には天気が回復する見込みです。

▶ 101 be expected to ...「～を期待される」

Food must meet quality [standards] to be sold in the market.

市場で販売される食品は品質基準を満たしている必要があります。

▶ meet「満たす」 quality「品質」

We offer several delivery [methods].

いくつかの配達方法をご提供しています。

▶ 007 offer「提供する」 250 delivery「配達」

Some [passengers] are waiting for a bus.

数名の乗客がバスを待っています。

Jessica retired after a [successful] career in professional tennis.

Jessica はプロテニスで成功を収めたのちに引退しました。

▶ 469 retire「引退する」 career「経歴」

He [earned] money by selling his paintings.

彼は絵を売ってお金を稼ぎました。

246 □ □ □ **familiar** [fəmíljər]	形 精通している 動 familiarize「習熟させる」
247 □ □ □ **crowded** [kráudid]	形 混み合った be crowded with ...「〜で混み合う」
248 □ □ □ **discount** [dískaunt; diskáunt]	名 割引 他動 〜を割り引く, 〜を割り引いて売る
249 □ □ □ **fare** [féər]	名 運賃
250 □ □ □ **deliver** [dilívər]	他動 〜を配達する 名 delivery「配達」
251 □ □ □ **provide** [prəváid]	他動 〜を与える, 〜を提供する provide A with B「AにBを提供する」 名 provider「提供者,（インターネット の）プロバイダー」
252 □ □ □ **customer** [kástəmər]	名 客 名 client「顧客」 名 consumer「消費者」

36

I'm not [familiar] with this type of machine.

私はこのタイプの機械には詳しくありません。

Trains in Japan are very [crowded] during rush hour.

ラッシュ時の日本の電車は非常に混み合っています。

▶ during ...「〜の間」 rush hour「ラッシュアワー」

I purchased this furniture at a 30% [discount].

私は 30% 割引でこの家具を買いました。

▶ 048 purchase「購入する」

How much is the one-way [fare] to Tokyo?

東京までの片道運賃はいくらですか。

▶ one-way「片道の」

Orders are [delivered] for free within the city.

ご注文の商品は市内であれば無料で配達いたします。

▶ 003 order「注文」 198 for free「無料で」 within「〜以内に」

She [provided] me with some feedback on my draft.

彼女は私が作成した草案について助言を与えてくれました。

▶ 483 feedback「意見」 348 draft「草案」

He is one of the regular [customers] at our restaurant.

彼は私たちのレストランの常連客のひとりです。

▶ 451 regular「いつもの」

接続副詞

接続副詞のはたらき

接続副詞は主に文頭に用いられます。接続詞のように節をつなげる役割はありません。

例）It was raining very hard. **However**, I went shopping.
強く雨が降っていました。しかし，私は買い物に出かけました。

接続副詞	意味
as a result	その結果
besides	さらに
furthermore	
in addition	
moreover	
however	それにもかかわらず
nevertheless	
nonetheless	
in fact	実際には
meanwhile	同時に
on the other hand	一方で
otherwise	さもなければ
therefore	それゆえ

単語の覚え方 ②

単語の意味を推測するときだけではなく，単語を覚えるときにも大きな手助けとなるのが接頭辞（単語の頭の部分）です。接頭辞の持つ意味を覚えると，効果的に単語学習につなげられるようになります。

ex- 「外，外へ」			
動 exclude	除外する	動 export	輸出する
名 exterior	外装	動 extend*	延長する
動 expand	拡大する	動 exceed	超える

*extend「延長する」は利用期間・締め切りを超えて「外へ」はみ出していくイメージですね。

in-, im- 「中，中へ」			
動 include	含む	動 import	輸入する
名 interior	内装, インテリア	動 impress*	感銘を与える
名 inspection	点検, 調査, 視察	動 implement	導入する

*impress「感銘を与える」は im-（心の中へ）press（押す）→「心の中に印象を残す」というイメージですね。

sub- 「下，代わりの」			
名 subordinate	部下	動 substitute	代わりに用いる
名 subtitle	字幕	動 subscribe*	定期購読する

*subscribe は sub-（下に）scribe（書く）→「書類の下にサインを書く」→「定期購読に申し込む」のようにイメージできるといいですね。

pro-, pre- 「前に，前もって」			
動 proceed	進む	形 previous	以前の
名 prospect*	可能性	名 prescription*	処方箋

*prospect は pro-（前を）spect（見る）→「将来を見る」→「可能性」のようにイメージしてみましょう。
*prescription「処方箋」は医者が薬を出すために「前もって」書くものですね。

co, con-, com- 「一緒に」			
名 coworker	同僚	名 conference	会議
名 colleague		名 competition*	競争
動 cooperate	協力する	名 complex	複合施設

*competition「競争」は1人でできるものではなく，他の人や他の会社と「一緒に」行うものですね。

253
prefer
[prifə́:r]

他動 〜を好む
图 preference「好み」

254
result
[rizʌ́lt]

名 結果
自動 生じる, 〜という結果になる
result in ...「〜という結果になる」

255
honor
[ánər]

他動 〜をたたえる, 栄誉を授ける
名 名誉, 光栄
be honored to *do*「〜して光栄だ」
in honor of ...「〜を祝して」

256
attempt
[ətémpt]

他動 〜を試みる
名 試み
attempt to *do*「〜することを試みる」

257
due
[djú:]

形 支払い期限のきた,
　　〜する予定である
be due to *do*「〜する予定である」
due to ...「〜が原因で」

258
shelf
[ʃélf]

名 棚

259
description
[diskrípʃən]

名 説明, 記述
動 describe「描写する, 述べる, 説明する」

37

Do you [prefer] to cancel or reschedule the meeting?

打ち合わせをキャンセルしたいですか. それとも予定を変更しますか。

▶ 365 reschedule「予定変更する」 049 meeting「打ち合わせ」

The [results] of the medical checkup will be mailed in a few weeks.

健康診断の結果は数週間後に郵送されます。

▶ 492 medical checkup「健康診断」

I'm [honored] to receive this award.

この賞をいただけて光栄です。

▶ 039 award「賞」

I [attempted] to install the new software, but I couldn't.

新しいソフトウェアをインストールしようと試みましたが. できませんでした。

▶ install「インストールする」 software「ソフトウェア」

The [due] date is clearly written at the top of the invoice.

支払期日は請求書の上部に明記されています。

▶ due date「期日」 188 invoice「請求書」

Could you bring me the red file from the top [shelf]?

いちばん上の棚から赤いファイルを取っていただけますか。

Please carefully read the [description] below.

以下の説明をよくお読みください。

260 ☐ ☐ ☐ **replace** [ripléis]	他動 ～を取り替える, ～に取って代わる replace *A* with *B*「AをBと取り替える」 名 replacement「代わりの人, 代替品」
261 ☐ ☐ ☐ **slightly** [sláitli]	副 わずかに 形 slight「わずかな」
262 ☐ ☐ ☐ **avoid** [əvóid]	他動 ～を避ける, ～するのを防ぐ avoid *doing*「～することを避ける」
263 ☐ ☐ ☐ **display** [displéi]	他動 ～を展示する, ～を表示する 名 ディスプレイ, 展示品
264 ☐ ☐ ☐ **temporary** [témpərèri]	形 一時的な 副 temporarily「一時的に」
265 ☐ ☐ ☐ **rapidly** [ráepidli]	副 急速に, 速く 形 rapid「速い」
266 ☐ ☐ ☐ **agreement** [əgríːmənt]	名 合意, 同意 動 agree「同意する」 agree with ...「～に同意する」

38

Can you [replace] the ink cartridge with a new one?

インクカートリッジを新しいものに取り替えていただけますか。

▶ ink cartridge「インクカートリッジ」

The color is [slightly] different from the picture.

写真とはわずかに色が異なります。

You should [avoid] eating a large meal before the match.

競技前にたくさん食べるのは避けましょう。

Many pictures are [displayed] on the wall.

壁に多くの絵が飾られています。

He is a [temporary] worker during the holiday season.

彼は休暇シーズンの間の一時的な従業員です。

▶ during ...「～の間」

The city has been growing [rapidly] for the last five years.

市はこの5年間で急速に成長しています。

We reached an [agreement] very smoothly.

我々はとても円滑に合意に至りました。

▶ smoothly「円滑に」

267 □
□
□
entire
[entáiər]

形 全体の

268 □
□
□
additional
[ədíʃənl]

形 追加の
名 addition「追加, 追加物」
in addition to ...「〜に加えて」
In addition「さらに」

269 □
□
□
device
[diváis]

名 機器

270 □
□
□
environment
[enváiərənmənt]

名 環境
形 environmental「環境の」
副 environmentally「環境面で」
environmentally friendly「環境に優しい」

271 □
□
□
opening
[óupniŋ]

名 (職などの) 空き, 開演, 開店

272 □
□
□
seek
[síːk]

他動 〜を探し求める
look for ...「〜を探す」

273 □
□
□
lately
[léitli]

副 最近
副 recently「ここ最近」

39

New carpets will be installed in the [entire] building.

新しいカーペットが全フロアに敷かれます。

▶ install「設置する」

We are looking for [additional] interns to join our team.

我々のチームに加わる追加の実習生を募集しています。

▶ 272 look for ...「～を探す」 intern「実習生」

Many people listen to music with personal [devices] such as smartphones.

多くの人々がスマートフォンのような個人用機器で音楽を聞きます。

Our packaging has less impact on the [environment].

環境への影響が少ない梱包材です。

▶ packaging「梱包材料」 impact「影響」

Alexis applied for the job [opening] at the bank.

Alexis は銀行の求人に応募しました。

▶ 397 285 apply for ...「～に応募する」 job opening「求人」

We are [seeking] part-time cashiers for the busy season.

繁忙期に向けて, パートタイムのレジ係を募集しています。

▶ part-time「パートタイムの」 481 cashier「レジ係」

I haven't seen her [lately].

最近, 彼女に会っていません。

93

274 □
□
□
payment
[péimənt]

名 支払い
動 pay「支払う」

---

275 □
□
□
reject
[ridʒékt]

他動 ～を断る, ～を拒否する
图 rejection「拒絶, 却下」

---

276 □
□
□
appointment
[əpɔ́intmənt]

名 予約, 約束
動 appoint「任命する」

---

277 □
□
□
management
[mǽnidʒmənt]

名 経営陣, 経営
動 manage「管理する, 経営する」
形 managerial「経営の」

---

278 □
□
□
found
[fáund]

他動 ～を設立する
图 founder「創立者」
图 foundation「創立」

---

279 □
□
□
determine
[ditə́ːrmin]

他動 ～を決心する
自動 決心する
图 determination「決意」

---

280 □
□
□
respond
[rispánd]

自動 返答する
图 respondent「応答者」
图 response「反応」

40

I recommend you use our automatic [payment] system.

自動支払いシステムのご利用をお勧めします。

▶ 128 recommend「勧める」 automatic「自動の」

You should think carefully before [rejecting] her offer.

彼女の提案を断る前によく考えるべきです。

▶ 007 offer「提案」

I made an [appointment] to see the doctor at ten o'clock.

私は10時に医者に診てもらう予約をしました。

▶ make an appointment「約束をする」

The new [management] decided to change the payroll system.

新しい経営陣は給与システムの変更を決めました。

▶ 361 payroll「給与」

It has been five years since I [founded] the company.

私が会社を設立してから5年が経ちました。

▶ since「〜以来」 017 company「会社」

Dr. Harris was [determined] to open her clinic.

Harris医師は自分のクリニックを開くことを決心しました。

He politely [responded] to my questions.

彼は私の質問に丁寧に返答しました。

▶ politely「丁寧に」

281 □
□
□ **consider**
[kənsídər]

他動 ～をよく考える

consider *doing*「～することをよく考える」
名 consideration「考慮」
形 considerable「(量などが)かなりの」

282 □
□
□ **advance**
[ədvǽns]

名 前進
他動 ～を進める, 前進させる
自動 前に進む
形 advanced「進歩した」

283 □
□
□ **research**
[ríːsəːrtʃ, riːsə́ːrtʃ]

名 調査, 研究
他動 ～を研究する
名 researcher「研究者」

284 □
□
□ **influence**
[ínfluəns]

他動 ～に影響を与える
名 影響
形 influential「影響力の大きい」

285 □
□
□ **application**
[æplikéiʃən]

名 申込み
動 apply「適用する, 申し込む」
apply to ...「～に適用される」
apply for ...「～に応募する, 申し込む」

286 □
□
□ **document**
[dάkjəmənt]

名 資料

287 □
□
□ **analysis**
[ənǽləsis]

名 分析
動 analyze「分析する」
名 analyst「分析者」

41

I hope that you will [consider] ordering from us again.

またの注文をご検討いただければ幸いです。

▶ 003 order「注文する」

Please look over the documents in [advance].

事前に資料に目を通しておいてください。

▶ look over「目を通す」 286 document「資料」 in advance「前もって」

You should do some [research] before visiting the new area.

新しい地域を訪れる前にいくらか調査したほうがいいですよ。

▶ 144 area「地域」

His advice [influenced] my decision.

彼のアドバイスは私の決定に影響を与えました。

Please fill out the [application] form and submit it by Friday.

申込書に記入し, 金曜日までに提出してください。

▶ 108 fill out「記入する」 397 application form「申込書」
045 submit「提出する」

I'd like you to send the [document] by e-mail right away.

すぐにメールでその資料を送ってください。

▶ right away「すぐに」

Let's discuss his [analysis] of the latest fashion trends.

最新のファッショントレンドに関する彼の分析について考えてみましょう。

▶ latest「最新の」 trend「流行」

288
stock
[sták]

名 在庫
他動 ～を仕入れる

289
attract
[ətrǽkt]

他動 (興味・注意など)～を引きつける,
～を魅了する

名 attraction「呼び物, 魅力」
形 attractive「魅力的な」

290
security
[sikjúərəti]

形 安全の
名 安全, 警備
security camera「防犯カメラ」

291
article
[áːrtikl]

名 記事

292
establish
[istǽbliʃ]

他動 ～を設立する, ～を確立する
名 establishment「設立」

293
admission
[ədmíʃən]

名 入場

294
overseas
[òuvərsíːz]

形 外国の
副 外国に, 外国へ

42

I'm afraid that the item is out of [stock] now.

申し訳ありませんが. その品物は現在在庫切れです。

▶ **I'm afraid that ...**「申し訳ありませんが〜」 076 **item**「品物」
082 **out of stock**「在庫切れ」

Why don't we place an advertisement to [attract] more participants?

より多くの参加者を集めるために広告を出すのはどうですか。

▶ **advertisement**「広告」 178 **participant**「参加者」

You should change your password every month for [security] reasons.

安全上の理由により. 毎月パスワードを変更する必要があります。

▶ **password**「パスワード」

I learned about the new café from a magazine [article].

雑誌の記事で新しいカフェのことを知りました。

It will take several years to [establish] a customer base in Asia.

アジアで顧客基盤を確立するのに数年かかるでしょう。

▶ 252 002 065 **customer**「客」

The [admission] fee is \$10 per person.

入場料は一人 10 ドルです。

▶ 123 **admission fee**「入場料」 **per person**「一人あたり」

He just returned from an [overseas] business trip.

彼はちょうど海外出張から戻ったところです。

▶ **business trip**「出張」

295

urge
[ə́:rdʒ]

(他動) ~に促す
urge *A* to *do*「Aに~するよう促す」

296

emphasize
[émfəsàiz]

(他動) ~を強調する
(名) emphasis「重点, 重要視」

297

resolve
[rizálv]

(他動) ~を解決する, ~を決心する
(名) resolution「決意」

298

factor
[fǽktər]

(名) 要素, 要因

299

overlook
[òuvərlúk]

(他動) ~を見渡せる, ~を見落とす

300

significant
[signífikənt]

(形) かなりの, 重要な
(副) significantly「かなり」

301

hesitate
[hézitèit]

(自動) ためらう
(形) hesitant「ためらいがちな」

43

She [urged] me to change jobs.

彼女は仕事を変えるよう私に促しました。

He [emphasized] the importance of communication between departments.

彼は部署間のコミュニケーションの重要性を強調しました。

▶ **004** department「部署」

We finally found the problem and [resolved] it.

ついに問題を発見し, 解決しました。

▶ **091** problem「問題」

Price is one of the important [factors] when making a purchase.

価格は購入する際の重要な要素のひとつです。

▶ **048** make a purchase「購入する」

All rooms in this hotel [overlook] the ocean.

このホテルのすべての客室から海を見渡すことができます。

We spent a [significant] amount of time preparing for the meeting.

私たちは打ち合わせの準備にかなりの時間を費やしました。

▶ amount of ...「〜の量」 **049** meeting「打ち合わせ」

Please don't [hesitate] to contact me if you have any questions.

ご不明な点がございましたら, どうぞご遠慮なくお問い合わせください。

▶ don't hesitate to ...「遠慮なく〜してください」 contact「連絡する」

302 □ □ □	**conclude** [kənklúːd]	他動 ～を終える 自動 終わる 图 conclusion「決定, 結論」
303 □ □ □	**organize** [ɔ́ːrgənàiz]	他動 ～を計画する 图 organizer「主催者」 图 organization「組織, 団体」
304 □ □ □	**decline** [dikláin]	名 減少, 低下 自動 減る, 低下する 他動 ～を断る
305 □ □ □	**preserve** [prizə́ːrv]	他動 ～を守る, ～を保つ 图 preservation「保存」
306 □ □ □	**capacity** [kəpǽsəti]	名 収容能力, 生産力
307 □ □ □	**mayor** [méiər]	名 市長
308 □ □ □	**unfortunately** [ʌnfɔ́ːrtʃənətli]	副 残念ながら

44

He [concluded] his presentation just before noon.

彼はちょうど昼前にプレゼンテーションを終えました。

▶ presentation「プレゼンテーション」

He [organized] a book club at the community center.

彼は公民館で読書クラブを企画しました。

▶ community center「公民館」

There was a large [decline] in the number of tourists this year.

今年は観光客の数が大きく減少しました。

▶ the number of ...「～の数」

We should use less paper to [preserve] the environment.

環境を守るために紙の使用を少なくするべきです。

▶ 270 environment「環境」

The new theater will have a larger seating [capacity].

新しい劇場は座席数が増えます。

▶ seating「座席」

Mr. Santos became the new [mayor] of the city.

Santos さんが新しい市長になりました。

[Unfortunately], the item is sold out.

残念ながら, その品物は売れ切れです。

▶ 076 item「品物」 sold out「完売の」

---

309 □
□
□ **promote**
[prəmóut]

他動 ～を宣伝する, ～を昇進させる
名 promotion「宣伝活動, 昇進」
形 promotional「販売促進の, 昇進の」

310 □
□
□ **enclose**
[enklóuz, in-]

他動 ～を同封する

311 □
□
□ **confident**
[kánfidnt]

形 確信している, 自信のある
名 confidence「自信」

312 □
□
□ **definitely**
[défənətli]

副 間違いなく

313 □
□
□ **token**
[tóukn]

名 しるし

314 □
□
□ **restore**
[ristɔ́:r]

他動 ～を修復する
名 restoration「修復」

315 □
□
□ **promotion**
[prəmóuʃən]

名 昇進, 宣伝活動
動 promote「昇進させる, 宣伝する」

45

We started to [promote] a new line of footwear this summer.

この夏. 新製品のフットウェアの宣伝を始めました。

▶ line「取り扱い商品」 footwear「履き物」

I have [enclosed] an invitation for you in this letter.

この手紙にあなたへの招待状を同封しました。

We are [confident] that you will enjoy the new ice cream flavor.

新しい味のアイスクリームを楽しんでいただけると確信しています。

▶ flavor「風味」

I'll [definitely] call you tomorrow.

明日必ずお電話します。

We will send you a coupon as a [token] of our appreciation.

感謝のしるしとしてクーポンをお送りします。

▶ 193 coupon「割引券」 050 appreciation「感謝」

That old building was [restored] to its original condition last year.

あの古い建物は. 昨年もとの状態に修復されました。

She got a [promotion] to marketing manager.

彼女はマーケティングマネージャーに昇進しました。

▶ 309 get a promotion「昇進する」 marketing「マーケティング」

316 □
□
□
outline
[áutlàin]

名 概要
他動 ～の概要を述べる

317 □
□
□
proceed
[prəsíːd]

自動 進む, 始める
proceed to ...「～へ進む」

318 □
□
□
atmosphere
[ǽtməsfìər]

名 雰囲気

319 □
□
□
resource
[ríːzɔ̀ːrs, risɔ́ːs]

名 資源, 資金

320 □
□
□
locate
[lóukeit]

他動 ～を置く,
（場所, 原因など）～を突きとめる
be located in ...「～に位置する」
名 location「位置, 場所」

321 □
□
□
shortly
[ʃɔ́ːrtli]

副 まもなく
副 soon「すぐに」

322 □
□
□
decade
[dékeid]

名 10 年間

46

Could you provide an [outline] of your research?

あなたの研究の概要を教えていただけますか。

▶ 251 007 provide「提供する」 283 research「研究」

Please [proceed] to the departure gate with your boarding pass.

搭乗券を持って出発ゲートへお進みください。

▶ departure gate「出発ゲート」 boarding pass「搭乗券」

The meeting took place in a friendly [atmosphere].

打ち合わせはフレンドリーな雰囲気で行われました。

▶ 049 meeting「打ち合わせ」 take place「開催される」

Lack of natural [resources] will be a serious problem in the future.

将来, 天然資源の欠如は深刻な問題となるでしょう。

▶ 091 problem「問題」

The gym is [located] across from the bank.

ジムは銀行の向かいに位置しています。

▶ across from ...「～の正面に」

The train will leave [shortly].

電車がまもなく出発します。

The price of airfare has increased over the past [decade].

航空料金は過去 10 年間で上昇しています。

▶ airfare「航空料金」 020 increase「増える」

323 □ □ □

council
[káunsl]

名 評議会, 議会

324 □ □ □

anniversary
[æniváːrsəri]

名 記念日, 〜周年

325 □ □ □

forecast
[fɔ́ːrkæst]

名 予報, 予測
他動 〜を予測する

326 □ □ □

recruit
[rikrúːt]

他動 〜を採用する, 〜を募集する
名 新入社員

327 □ □ □

crucial
[krúːʃl]

形 必須の, 大変重要な

328 □ □ □

exceed
[iksíːd]

他動 〜を超える, 〜を上回る
動 surpass「上回る」

329 □ □ □

undergo
[ʌndərgóu]

他動 〜を受ける

47

The city [council] decided to expand the convention center.

市議会はコンベンションセンターの拡張を決定しました。

▶ city council「市議会」 159 expand「拡大する」
convention center「コンベンションセンター（大規模会議施設）」

We're going to have a big sale to celebrate our 10th [anniversary].

10周年を記念して大規模なセールを行います。

▶ celebrate「祝う」

According to the weather [forecast], it will rain tomorrow.

天気予報によると，明日は雨が降るようです。

▶ 426 according to ...「〜によると」

It costs a lot to [recruit] and train new employees.

新しい従業員を採用して教育するには多くの費用がかかります。

▶ train「教育する」 001 072 employee「従業員」

Basic computer skills are [crucial] in today's workplace.

現代の職場では基本的なコンピュータースキルは必須です。

▶ 431 basic「基本の」 189 workplace「職場」

Their service [exceeded] my expectations.

彼らのサービスは私の期待を超えるものでした。

▶ 101 expectation「期待」

New part-timers will [undergo] a three day training course.

新しいパートタイム職員は3日間の研修を受けます。

▶ part-timer「パートタイムで働く人」

330
architect
[áːrkitèkt]

名 建築家
図 architecture「建築」

331
evaluate
[ivǽljuèit]

他動 〜を評価する
図 evaluation「評価」
動 assess「評価する」

332
contribute
[kəntríbjuːt]

自動 貢献する, 寄付する, 寄稿する
他動 〜を与える
図 contribution「貢献, 寄付金」

333
prohibit
[prouhíbət]

他動 〜を禁止する
prohibit A from *doing*「A が〜するのを禁止する」
図 prohibition「禁止」

334
executive
[igzékjətiv]

形 取締役の
名 重役, 取締役

335
restrict
[ristríkt]

他動 〜を制限する, 〜を限定する
図 restriction「制限」

336
substitute
[sʌ́bstətjùːt]

他動 〜を代わりに用いる
名 代わりの物, 代理人
形 代わりの
substitute A for B「B の代わりに A を用いる」

48

The memorial hall was designed by a famous [architect].

その記念館は有名な建築家によって設計されました。

▶ memorial hall「記念館」

Employee job performance is regularly [evaluated].

従業員の仕事ぶりは定期的に評価されます。

▶ 001 072 employee「従業員」 job performance「仕事ぶり」
451 regularly「定期的に」

He [contributed] a lot to the success of the event.

彼はそのイベントの成功に大きく貢献しました。

▶ 244 success「成功」

Visitors are [prohibited] from touching the displays in the museum.

当館ではお客様が展示品に触れることを禁止しています。

▶ 263 display「展示品」

She has served as an [executive] assistant for three years.

彼女は重役のアシスタントとして3年間働いています。

▶ 074 serve「仕える」 assistant「補佐」

The company [restricts] access to social media sites.

会社はソーシャルメディアサイトへのアクセスを制限しています。

▶ 017 company「会社」 421 access「利用する権利」

Can anything be [substituted] for the meat in this recipe?

このレシピの肉の代わりになる物はありますか。

▶ recipe「レシピ」

TOEIC でよく出る業者やお店

TOEIC ではビジネスの場面だけではなく，日常的な場面も多いため，頻出する業者やお店も覚えておきましょう！

＜業者・業態＞

advertising company 広告業者

moving company 引っ越し業者

085 **shipping company** 配達業者

366 **catering company** ケータリング会社
イベントの内容に合わせて料理を作って配達するだけではなく，配膳やセッティングも行う業者。TOEIC の世界では退職パーティーなどで利用される場合がある。

＜お店＞

073 **appliance store** 家電用品店

bakery パン屋

car dealership 車の販売店

176 **grocery store** 食料品店

printing shop 印刷ショップ

143 **real estate agency** 不動産屋
物件の紹介を行い，潜在顧客へ物件の内覧を勧める場面が Part3 や Part4 で扱われることも。

377 **travel agency** 旅行代理店
TOEIC の世界では出張の際のホテル・フライトの手配などを旅行代理店に依頼するケースがよくある。

単語がわからない時の対処法

テスト中に知らない単語があった場合は，落ち着いて以下の対処法を思い出しましょう！

文脈から推測する

138 supplier がわからないとしましょう。そんな時はこの単語がどのような文脈で使われているのかを冷静に読み，意味を推測しましょう。例えば，We are running out of copy paper. I'll call our supplier and place an order. という文。「コピー用紙がなくなってきた」という状況で，「supplier に電話して注文しよう」と話が続いています。さて，supplier の意味を推測してみましょう。この状況で電話をするのは本屋さんですか。または電気屋さんでしょうか。いいえ，「コピー用紙を供給している会社」ですよね。このように周辺情報を読み，慌てずに推測してみましょう！

動詞の意味は目的語をヒントに推測する

先程の place an order の意味がわからなかった人もいるでしょう。でも order「注文」なら分かりますね！みなさんなら「注文を……」に続く動詞をどう当てはめますか。「注文を置く」とは普通言いませんし，「注文を探す」も文脈には合いません。きっと「「注文をする」かな？」と推測できると思います。目的語が決まれば，それに応じて動詞の意味も限定される場合が多いです。ストーリーの流れに合い，かつ目的語に応じた動詞を推測して切り抜けましょう！

接頭辞から意味を推測する

こちらは p.87 をぜひご参照ください！

337 □
□
□
currently
[kə́:rəntli]

副 現在は
形 current「現在の」

338 □
□
□
accordingly
[əkɔ́:rdiŋli]

副 それに応じて, その結果

339 □
□
□
generate
[dʒénərèit]

他動 （利益など）〜を生み出す

340 □
□
□
boost
[bú:st]

他動 〜を促進する, 〜を高める
名 増加, 促進

341 □
□
□
attribute
[ətríbjət]

他動 〜の原因だと考える
attribute *A* to *B*「A の原因は B だと考える」

342 □
□
□
reliable
[riláiəbl]

形 信頼できる
動 rely「頼る」
rely on ...「〜に頼る」

343 □
□
□
donation
[dounéiʃən]

名 寄付
動 donate「寄付する」

49

The gallery is [currently] **open to the public.**

その画廊は現在一般公開されています。

▶ gallery「画廊」 238 the public「一般の人々」

I'll look over the changes and update it [accordingly].

変更点に目を通し, それに応じて更新します。

▶ look over「目を通す」 078 update「更新する」

This construction project will [generate] **new jobs.**

この建設プロジェクトは新しい雇用を生み出すでしょう。

▶ 043 construction「建設」

Communication is the best way to [boost] **a good relationship.**

コミュニケーションは, 良好な関係を促進するための最良の方法です。

▶ relationship「関係」

She [attributed] **her success to the support of her coworkers.**

彼女自身, 成功したのは同僚の助けによるものだと考えました。

▶ 244 success「成功」 503 062 coworker「同僚」

That internet provider is the most [reliable] **in this area.**

そのインターネットプロバイダーはこの地域で最も信頼できます。

▶ 251 provider「プロバイダー」 144 area「地域」

She made a [donation] **to a local school.**

彼女は地元の学校に寄付をしました。

344

accommodate
[əkúmədèit]

他動 ～を収容する,
（要求など）～を受け入れる
名 accommodation「宿泊施設」

345

inquiry
[inkwáiəri, íŋkwəri]

名 質問
動 inquire「尋ねる」

346

storage
[stɔ́:ridʒ]

名 保管
動/名 store「保管する, 蓄える / 店」

347

administrative
[ədmínəstrèitiv, -strətiv]

形 管理の, 経営上の
名 administration「管理, 運営陣」

348

manuscript
[mǽnjəskrìpt]

名 原稿
名 draft「草案」

349

identification
[aidèntəfikéiʃən]

名 身分証
動 identify「特定する」

350

authorize
[ɔ́:θəràiz]

他動 ～に権限を与える,
～を許可する
名 authorization「許可」

50

The banquet hall can [accommodate] 100 people.

その宴会場は 100 人収容できます。

▶ 069 banquet hall「宴会場」

For [inquiries], please contact our support line.

お問い合わせは, サポートラインまでご連絡ください。

▶ contact「連絡する」

There is not enough [storage] space in this building.

この建物に十分な保管スペースはありません。

▶ 133 enough「十分な」 489 space「空いた場所」

She is working here as an [administrative] assistant.

彼女は管理アシスタントとしてここで働いています。

▶ assistant「補佐」

Please double-check the [manuscript] before submitting it.

提出する前に原稿を再確認してください。

▶ double-check「再確認する」 045 submit「提出する」

You need to show your [identification] at the main gate.

正面ゲートで身分証を提示する必要があります。

▶ 432 main gate「正面ゲート」

You haven't been [authorized] to use a corporate car yet.

あなたはまだ社用車を使う権限が与えられていません。

▶ corporate「法人の」

351 ☐ ☐ ☐ **qualified** [kwáləfàid]	形 適任の, 資格要件を満たした 動 qualify「資格を与える」 名 qualification「資格, 必要条件」
352 ☐ ☐ ☐ **prospective** [prəspéktiv]	形 将来の, 見込みのある 名 prospect「可能性, 潜在顧客」
353 ☐ ☐ ☐ **respectively** [rispéktivli]	副 それぞれ 形 respective「それぞれの」
354 ☐ ☐ ☐ **prior** [práiər]	形 前の, 事前の prior to ...「~より前に」
355 ☐ ☐ ☐ **quota** [kwóutə]	名 ノルマ, 割り当て
356 ☐ ☐ ☐ **pharmacy** [fá:rməsi]	名 薬局 名 pharmacist「薬剤師」 pharmaceutical company「製薬会社」
357 ☐ ☐ ☐ **landmark** [lǽndmà:rk]	名 名所, 目印, 陸標

51

She is the most [qualified] applicant for the position.

彼女はその職に最適な応募者です。

▶ 057 397 applicant「応募者」 105 position「職」

Each [prospective] employee introduced themselves at the interview.

面接ではそれぞれの従業員候補者が自己紹介をしました。

▶ 001 072 employee「従業員」 223 170 introduce「紹介する」 109 interview「面接」

Mike and I work on the first and the second floors [respectively].

Mike と私は1階と2階でそれぞれ働いています。

Payment must be made [prior] to starting the course.

お支払いはコース開始前にお願いします。

▶ 274 payment「支払い」

We worked overtime to meet the monthly sales [quota].

毎月の販売ノルマを達成するために. 私たちは残業しました。

▶ overtime「時間外に」 meet「満たす」 sales quota「販売ノルマ」

The [pharmacy] is next to the clinic.

薬局はクリニックの隣にあります。

▶ next to ...「〜の隣に」

This bus tour will take you to all the [landmarks] in the city.

このバスツアーでは市内にあるすべての名所にみなさまをお連れします。

358 □
□
□
specification
[spèsəfikéiʃən]

名 仕様, 仕様書
※ 通常複数形で用いる
動 specify「指定する, 詳細に述べる」

359 □
□
□
verify
[vérəfài]

他動 ～を確かめる
名 verification「確認」

360 □
□
□
renowned
[rináund]

形 有名な

361 □
□
□
payroll
[péiròul]

名 給与支払い名簿, 給与

362 □
□
□
attire
[ətáiər]

名 衣装

363 □
□
□
flyer
[fláiər]

名 チラシ
名 brochure「パンフレット, 冊子」

364 □
□
□
workload
[wə́:rklòud]

名 仕事量

52

At the last minute, the client requested a change in the ⌐specifications⌐.

直前になって, 顧客は仕様の変更を求めました。

▶ at the last minute「直前になって」**002** **065** **252** client「顧客」
   212 request「依頼する」

Experts gathered to ⌐verify⌐ all the data.

専門家がすべてのデータを検証するために集まりました。

▶ expert「専門家」

The artist is ⌐renowned⌐ for his creativity.

その芸術家は豊かな創造性で有名です。

▶ creativity「創造性」

An error was found in the ⌐payroll⌐ calculation system yesterday.

昨日, 給与計算システムにエラーが見つかりました。

▶ calculation「計算」

I need to prepare my formal ⌐attire⌐ for the award ceremony.

授賞式の為にフォーマルな服を用意しなければいけません。

▶ **039** award ceremony「授賞式」

We need to print 100 copies of the ⌐flyer⌐ by tomorrow.

私たちは明日までに 100 部のチラシを印刷しなければなりません。

▶ copy「部, 冊」

Her ⌐workload⌐ is really heavy this month.

今月の彼女の仕事量はとても多くなっています。

365

reschedule
[rìːskédʒuːl, rìːʃé-]

他動 ～を予定変更する
動/名 schedule「予定を入れる / スケジュール」

366

catering
[kéitəriŋ]

名 ケータリング, 仕出し料理
動 cater「料理を提供する」
名 caterer「仕出し業者」

367

post
[póust]

他動 ～を投稿する, ～を掲示する

368

store
[stɔ́ːr]

他動 ～を保管する, ～を蓄える
名 店
名 storage「保管」

369

exactly
[igzǽktli]

副 まさしく, 完全に
形 exact「正確な, ちょうどの」

370

purpose
[pə́ːrpəs]

名 目的, 目標
名 goal「目的, 目標」
名 objective「目的, 目標」
名 target「目的, 目標」

371

except
[iksépt]

前 ～を除いて
except for ...「～を除いて」
形 exceptional「例外的な, 非常に優れた」

53

I think the meeting was [rescheduled] to another day.

打ち合わせは別の日に予定変更されたのだと思います。

▶ 049 meeting「打ち合わせ」

We offer [catering] services for all types of events.

あらゆるイベントに対応したケータリングサービスを提供しています。

▶ 007 offer「提供する」

You can freely [post] a comment online.

オンラインで自由にコメントを投稿することができます。

▶ freely「自由に」 online「オンラインで」

There is some space to [store] bricks in my garage.

車庫にレンガを保管しておくスペースがあります。

▶ 489 space「空いた場所」 brick「レンガ」

This is [exactly] what we needed.

これはまさしく私たちが必要としていたものです。

What is the [purpose] of this study?

その研究の目的はなんですか。

The bakery is open every day [except] Monday.

そのパン屋は月曜日を除いて毎日営業しています。

▶ bakery「パン屋」

1回目	年 月 日 ／ 7	2回目	年 月 日 ／ 7	3回目	年 月 日 ／ 7	達成率 74 %

372 □
□
□ **traffic**
[trǽfik]

名 交通, 交通量

373 □
□
□ **separate**
[sépərèit; sépərət]

他動 ～を分ける
自動 分離する
形 別々の, 離れた
副 separately「離れて」

374 □
□
□ **remain**
[riméin]

自動 ～のままである, とどまる
名 残り物
形 remaining「残っている」

375 □
□
□ **product**
[prɑ́dəkt]

名 製品, 生産物
動 produce「製造する」
名 production「生産, 生産量, 製品」
名 productivity「生産性」

376 □
□
□ **empty**
[émpti]

形 空の
他動 ～を空にする
形 vacant「空の」

377 □
□
□ **agency**
[éidʒənsi]

名 代理店
travel agency「旅行代理店」

378 □
□
□ **suggest**
[səgdʒést]

他動 ～を提案する
suggest *doing*「～することを提案する」
名 suggestion「提案」

54

I'm stuck in [traffic], so I'll be late for the meeting.

交通渋滞に巻き込まれているため, 打ち合わせに遅れます。

▶ be stuck in ... 「〜にはまって動けない」 049 meeting 「打ち合わせ」

You'll be [separated] into two groups to discuss the new design.

新デザインについて話し合うために2つのグループに分かれてもらいます。

The schedule for the event still [remains] unclear.

イベントのスケジュールはいまだに不透明なままです。

▶ 365 schedule 「スケジュール」 unclear 「はっきりしない」

We are very proud of our high-quality [products].

我々は高品質の製品をたいへん誇りに思っています。

▶ high-quality 「高品質の」

Why are there so many [empty] boxes in the hallway?

なぜ廊下にあんなにたくさんの空の箱があるのですか。

▶ hallway 「廊下」

I asked the real estate [agency] to show me some rental apartments.

不動産屋に賃貸アパートを見せてもらうよう頼みました。

▶ 143 real estate agency 「不動産屋」 131 rental 「賃貸の」

She [suggested] taking a taxi, instead of walking.

彼女は歩く代わりにタクシーに乗ることを提案しました。

▶ instead of ... 「〜の代わりに」

379 □ □ □
following
[fáilouiŋ]

形 次の
前 ～の後で

380 □ □ □
reply
[riplái]

自動 返事をする
名 返答
reply to ...「～に返答する」

381 □ □ □
press
[prés]

名 報道陣, 出版業
他動 ～を押す

382 □ □ □
opposite
[ápəzit]

形 反対の, 反対側の
名 反対
動 oppose「反対する」

383 □ □ □
measure
[méʒər]

名 対策, 方法
他動 ～を測る

384 □ □ □
host
[hóust]

他動 ～を主催する
名 主催者, 司会者

385 □ □ □
propose
[prəpóuz]

他動 ～を提案する
名 proposal「提案, 提案書」

126

55

Please visit the [following] link to find more information.

詳細は以下のリンク先にアクセスしてください。

I'm sorry that I haven't [replied] for a long time.

長い間, 返信せずに申し訳ありません。

▶ for a long time「長い間」

We will announce the new service at the [press] conference.

記者会見で新しいサービスを発表します。

▶ 096 announce「発表する」 049 press conference「記者会見」

The post office is on the [opposite] side of the main street.

郵便局はこの大通りの反対側にあります。

▶ 367 post office「郵便局」 432 main street「大通り」

We should take [measures] against the noise in this area.

私たちはこの地域の騒音に対して対策を取るべきです。

▶ 144 area「地域」

The city [hosted] a fireworks festival yesterday.

昨日, 市は花火大会を開催しました。

▶ firework「花火」 ※「花火大会」を表す場合は複数形となる

He [proposed] a new package design.

彼は新しい包装デザインを提案しました。

386 □
□
□ **forward**
[fɔ́:rwərd]

他動 ～を転送する
形 前方の
副 前方へ

387 □
□
□ **broadcast**
[brɔ́:dkæst]

他動 ～を放送する
名 放送
※ 活用の変化：
broadcast-broadcast-broadcast

388 □
□
□ **automobile**
[ɔ́:təmoubì:l]

名 自動車
形 automotive「自動車の」

389 □
□
□ **official**
[əfíʃl]

形 公式の
名 職員, 役員
city official「市の職員」

390 □
□
□ **audience**
[ɔ́:diəns]

名 聴衆

391 □
□
□ **follow**
[fálou]

他動 ～に従う, ～を守る

392 □
□
□ **downtown**
[dàuntáun]

形 中心部の, 商業地区の
副 中心部へ, 商業地区へ
名 中心街, 商業地区

56

Please make sure to [forward] this e-mail to all of the participants.

このメールを参加者全員に必ず転送してください。

▶ make sure to ...「必ず〜する」 178 participant「参加者」

The musician will [broadcast] his concert on Saturday afternoon.

その歌手は土曜の午後にコンサートを放送します。

The [automobile] company built a new factory to increase production.

その自動車会社は生産量を増やすために新しい工場を建てました。

▶ 017 automobile company「自動車会社」 020 increase「増やす」
375 production「生産量」

The schedule can be found on the [official] Web site.

スケジュールは公式ウェブサイトで見ることができます。

▶ 365 schedule「スケジュール」

There was a large [audience] at the concert.

コンサートには多くの聴衆がいました。

I will [follow] your advice.

あなたのアドバイスに従います。

Please feel free to drop by our office [downtown].

中心街にある我々のオフィスへお気軽にお立ち寄りください。

▶ feel free to ...「遠慮なく〜する」 drop by「立ち寄る」

129

393

pleased
[plí:zd]

形 喜んで, 満足して
be pleased to *do*「喜んで〜する」
名 pleasure「楽しみ, 喜び」

394

regard
[rigá:*r*d]

他動 〜とみなす
in regard to ...「〜に関して」
regarding ...「〜に関して」

395

electricity
[ilèktrísəti]

名 電気
名 electrician「電気技師」
形 electric「電気の」
electric appliance「電化製品」

396

distance
[dístəns]

名 距離
形 distant「遠い」

397

apply
[əplái]

自動 申し込む
他動 〜を適用する
apply A to B「A を B に適用する」
名 applicant「応募者」
名 application「申込」

398

president
[préz*id*ənt]

名 社長, 議長

399

deal
[dí:l]

自動 対応する, 扱う
名 取引

57

I'm very [pleased] to work with you again.

あなたとまた仕事ができて嬉しいです。

She is [regarded] as the most successful store owner in this area.

彼女はこの地域で最も成功している店の経営者とみなされています。

▶ 244 successful「成功した」 368 store「店」 144 area「地域」

Here are some ways to save [electricity] at home.

家庭での節電方法をご紹介します。

You can see a lot of mountains in the [distance].

遠くにたくさんの山々が見えます。

▶ in the distance「遠方に」

I [applied] for the job at the hospital.

病院の仕事に応募しました。

▶ 285 apply for ...「〜に応募する」

As company [president], I'd like to thank you for your hard work.

社長として. みなさんの頑張りに感謝します。

▶ 017 company「会社」

Mr. Lee will [deal] with questions about the new system.

Lee さんが新しいシステムに関する質問に対応します。

▶ deal with ...「〜に対応する」

400 □ □ □
ability
[əbíləti]

名 能力

---

401 □ □ □
similar
[símələr]

形 似ている
图 similarity「類似点」

---

402 □ □ □
develop
[divéləp]

他動 ～を開発する, ～を発達させる
图 developer「開発者」
图 development「開発」

---

403 □ □ □
intend
[inténd]

他動 意図する
be intended to *do*「～することを
目的としている」
图 intention「意図」

---

404 □ □ □
especially
[ispéʃəli]

副 特に

---

405 □ □ □
progress
[prágres; prəgrés]

名 進展, 発達
自動 進む
形 progressive「進歩的な」

---

406 □ □ □
rest
[rést]

名 残りの部分

58

He has the ⌈ability⌉ to speak four languages.

彼には４つの言語を話す能力があります。

This painting is very ⌈similar⌉ to what we have.

この絵画は，私たちが持っているものにとてもよく似ています。

We are trying to ⌈develop⌉ new video editing technology.

映像編集技術を開発する取り組みを行なっています。

▶ 449 edit「編集する」

This book is ⌈intended⌉ for small business owners.

この本は中小企業の経営者向けです。

▶ business owner「事業主」

This flavor is popular ⌈especially⌉ among young people.

この味は若い人たちの間で特に人気があります。

▶ flavor「風味」

I'll let you know if there is any ⌈progress⌉.

何か進展があったらお伝えします。

I'll be out of the office for the ⌈rest⌉ of the day.

残りの時間は外出しています。

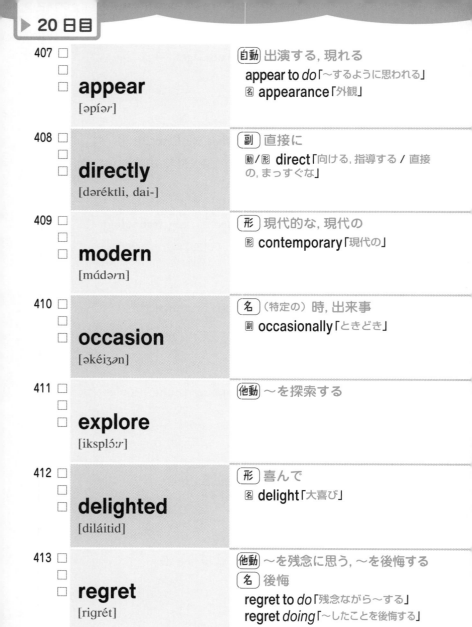

407 ☐
☐
☐
appear
[əpíər]

自動 出演する, 現れる
appear to *do*「～するように思われる」
名 appearance「外観」

408 ☐
☐
☐
directly
[dəréktli, dai-]

副 直接に
動/形 direct「向ける, 指導する / 直接の, まっすぐな」

409 ☐
☐
☐
modern
[mádərn]

形 現代的な, 現代の
形 contemporary「現代の」

410 ☐
☐
☐
occasion
[əkéiʒən]

名 (特定の) 時, 出来事
副 occasionally「ときどき」

411 ☐
☐
☐
explore
[iksplɔ́:r]

他動 ～を探索する

412 ☐
☐
☐
delighted
[diláitid]

形 喜んで
名 delight「大喜び」

413 ☐
☐
☐
regret
[rigrét]

他動 ～を残念に思う, ～を後悔する
名 後悔
regret to *do*「残念ながら～する」
regret *doing*「～したことを後悔する」

59

My favorite actor will [appear] in a new action film.
私の好きな俳優が新しいアクション映画に出演します。

Please contact me [directly] if you change the layout.
レイアウトを変更する場合は, 私に直接ご連絡ください。
▶ contact「連絡する」 layout「レイアウト」

The building is very unique and [modern] in design.
その建物はとても独特で現代的なデザインです。
▶ unique「独特の」

Our baked goods are the perfect gift for any [occasion].
私たちの焼き菓子はあらゆる場面でのギフトに最適です。
▶ 076 baked goods「焼き菓子」

We enjoyed [exploring] historical places in Italy.
私たちはイタリアで歴史的な場所を探索することを楽しみました。
▶ historical「歴史的な」

We are [delighted] to announce the opening of our restaurant.
私たちはレストランのオープンを発表できることを嬉しく思います。
▶ 096 announce「発表する」 271 opening「開店」

We [regret] to inform you that the trip was cancelled.
残念なお知らせですが, 旅行はキャンセルとなりました。
▶ 232 194 inform「知らせる」

1回目 年 月 日 /7　2回目 年 月 日 /7　3回目 年 月 日 /7　達成率 **82 %**

135

414 ☐☐☐	**suitable** [súːtəbl]	形 適した, ふさわしい 動 suit「合う, 適合させる」
415 ☐☐☐	**reward** [riwɔ́ːrd]	他動 〜に報いる, 〜にほうびを与える 名 報奨金, ほうび
416 ☐☐☐	**particularly** [pərtíkjələrli]	副 特に 形 particular「特定の, 特別の」
417 ☐☐☐	**remind** [rimáind]	他動 〜に気付かせる, 〜に思い出させる 名 reminder「思い出させるもの, 催促状」
418 ☐☐☐	**variety** [vəráiəti]	名 多様さ, 種類
419 ☐☐☐	**impress** [imprés]	他動 〜に感銘を与える 名 impression「印象」 形 impressive「印象的な, 感動的な」
420 ☐☐☐	**permission** [pərmíʃən]	名 許可 動/名 permit「許可する, 認める / 許可証」

60

This event is [suitable] for small children.

このイベントは小さい子どもに適しています。

I'm sure that you will be [rewarded] for your hard work.

あなたの頑張りは必ず報われることでしょう。

The last performance was [particularly] impressive.

最後のパフォーマンスが特に印象的でした。

▶ performance「演技」 419 impressive「印象的な」

I'd like to [remind] you to turn off your mobile phone.

携帯電話の電源はお切りいただくようお願いいたします。

▶ turn off「電源を切る」 mobile phone「携帯電話」

Our restaurant offers a [variety] of dishes made from fresh vegetables.

当店では新鮮な野菜を使ったさまざまな料理を提供しています。

▶ 007 offer「提供する」 110 variety of ...「さまざまな〜」 dish「料理」

I am very [impressed] with your work experience.

あなたの仕事の経験に深く感銘を受けました。

You need [permission] to use the main hall.

メインホールを使うには許可が必要です。

▶ 432 main hall「メインホール」

TOEIC でよく出る職業の一例をまとめました。職種と仕事の内容をセットで覚えておくと英文をスムーズに理解できるようになります。

＜医療・健康関連の職業＞

356 **pharmacist** 薬剤師

dentist 歯医者

TOEIC の世界では医者は歯医者しかいないと思わせるくらい歯医者が頻出。歯医者の予約のキャンセル・取り直しが TOEIC の世界ではよく起こる。

nutritionist 栄養士

TOEIC の世界ではジムの入会特典に「栄養士からのアドバイス」があったりする。

＜その他の職業＞

mechanic 機械工

accountant 会計士

389 **city official** 市の職員

lawyer 弁護士

TOEIC の世界では裁判は行われないが，「弁護士」や「法律事務所 (law firm)」は出てくる。

482 **inspector** 調査官

工場やレストランなどの設備基準・安全基準を満たしているかを確認する場面で多々登場する。

gardener 庭師

個人宅や企業の庭作りの際に登場したり，定期的なメンテナンスを行ったりする。

集中力の保ち方

TOEIC の試験はリスニングとリーディングを合わせて 2 時間です。かなりの長丁場ですよね。この 2 時間の試験もそうですが，学習の際も集中力を保つことが課題のひとつになるのは間違いありません。ここでは「集中力の保ち方」を 2 つご紹介します！

学習時間を短く区切る

人は時間が無い場面で初めて戦略的になり，集中力・工夫する力を上げることができます。「パーキンソンの法則」として知られるように，時間に余裕がありすぎると，人はひとつのタスクに時間を掛けすぎてしまう傾向があります。学習時間をコンパクトに設定し，「必ずこの時間までに終わらせる」という締め切りを設けることで，集中せざるを得ない状況を作りましょう！タイマーを用意して，どのくらい自分が集中できるのかを測ることからスタートし，適した時間設定を見つけるのもいいですね。試験本番では「試験時間を短く区切る」という意識で臨んでみましょう。10 分間集中し終えたら，一度深呼吸をして緊張を緩めます。今度は次の 10 分を完走するために集中します。緩急をつけながら前に進みましょう。

学習環境を整える

皆さんのスマホは今どこにありますか。机の上に置き，学習中に通知に気を取られてついついスマホを見ていませんか。見るのは数秒かもしれませんが，学習に戻って脳が元の集中力を発揮するのには 15 分必要だと言われています。それでは学習効率も下がりますよね。スマホの電源は切る，目のつく所に誘惑物（本やマンガ・パソコン）は置かないようにするなど，不要なものは「意識の外」に追い出しましょう。

421 □
□
□
access
[ǽkses]

名 利用する権利, 接近, 通路
形 accessible「行きやすい」

422 □
□
□
decrease
[dikríːs; díːkriːs]

自動 減少する　他動 ～を減少させる
名 減少
⇔ 動/名 increase「増える, 増やす /
増加」

423 □
□
□
exchange
[ikstʃéindʒ]

他動 ～を交換する
exchange A for B「A を B と交換
する」

424 □
□
□
domestic
[dəméstik]

形 国内の
形 international「海外の」

425 □
□
□
signature
[sígnətʃər]

名 署名
動/名 sign「署名する, 結ぶ / 看板」

426 □
□
□
according
[əkɔ́ːrdiŋ]

形 従った

427 □
□
□
organization
[ɔ̀ːrɡənəzéiʃən]

名 組織, 団体
動 organize「計画する」
名 organizer「主催者」

140

61

You have access to the Internet at the hotel.

ホテルではインターネットにアクセスすることができます。

During winter, the number of tourists to this city decreases.

冬の間, この街への観光客の数は減ります。

▶ during ...「〜の間」 the number of ...「〜の数」

Can I exchange this sweater for a smaller one?

このセーターを小さいサイズのものに交換できますか。

You can check the status of domestic flights on this page.

このページでは国内線の運航状況を確認することができます。

▶ status「状況」

I need the manager's signature for these documents.

これらの資料にマネージャーの署名が必要です。

▶ 286 document「資料」

According to the map, the station is over there.

地図によると, 駅は向こうにあります。

▶ according to ...「〜によると」 over there「向こうに」

The group has grown into a large organization.

そのグループは大きな団体へと成長しました。

428 □
□
□ **suppose**
[səpóuz]

他動 ～だと思う

429 □
□
□ **operation**
[àpəréiʃən]

名 作業, 操作, 事業
動 operate「経営する, 操作する, 稼働する」

430 □
□
□ **achieve**
[ətʃíːv]

他動 ～を達成する
名 achievement「達成」

431 □
□
□ **basis**
[béisis]

名 基準, 土台
形 basic「基本の」

432 □
□
□ **mainly**
[méinli]

副 主に
形 main「主な」

433 □
□
□ **extra**
[ékstrə]

形 追加の, 余分な
名 追加のもの, 余分なもの

434 □
□
□ **journal**
[dʒə́ːrnl]

名 定期刊行物

62

You're [supposed] to be on business trip, aren't you?

出張中のはずですよね。

▶ be supposed to ...「〜するはずである」 business trip「出張」

The new system made [operations] much easier.

この新システムにより作業が格段に楽になりました。

He works hard to [achieve] his goals.

彼は目標を達成するために一生懸命働いています。

▶ 370 457 goal「目標」

This magazine is sent on a monthly [basis].

この雑誌は月ごとに送られます。

Our store [mainly] sells imported products.

私たちの店では主に輸入品を販売しています。

▶ 368 store「店」 375 imported product「輸入品」

Now you can get another cup of coffee at no [extra] cost.

いまなら追加料金なしでもう1杯コーヒーを飲むことができます。

▶ extra cost「追加料金」

I often buy weekly [journals] at the newsstand.

私はよく売店で週刊誌を買います。

▶ 048 buy「買う」 newsstand「売店」

435 □ □ □
observe
[əbzə́:rv]

他動 ～を観察する
名 observation「観察」

436 □ □ □
capable
[kéipəbl]

形 能力がある
名 capability「能力」

437 □ □ □
nevertheless
[nèvərðəlés]

副 それにもかかわらず

438 □ □ □
manufacture
[mæ̀njəfǽktʃər]

他動 ～を製造する
名 manufacturer「製造業者」

439 □ □ □
limited
[límitid]

形 限られた, 制限された
動 limit「制限する」

440 □ □ □
cooperation
[kouàpəréiʃən, kòuap-]

名 協力
動 cooperate「協力する」
形 cooperative「協力的な」

441 □ □ □
thoroughly
[θə́:rəli, θə́:rou-]

副 徹底的に
形 thorough「徹底的な, 完全な」

63

Interns are given a chance to [observe] the production process.

実習生は生産工程を観察する機会が与えられます。

▶ intern「実習生」 375 production「生産」 011 process「過程」

He is [capable] of carrying out this special project.

彼はこの特別なプロジェクトを実行できる力があります。

▶ carry out「実行する」

We had only a few minutes. [Nevertheless], she kept talking.

時間は数分しかありませんでした。それにもかかわらず、彼女は話し続けました。

This jewelry is carefully [manufactured] by hand.

このジュエリーは手作業で丁寧に製造されています。

▶ jewelry「宝石類」 by hand「手製で」

Parking around the movie theater is quite [limited].

映画館周辺の駐車場はかなり限られています。

▶ parking「駐車場」

Thank you for your [cooperation].

ご協力ありがとうございます。

Security staff [thoroughly] searched the man's bag.

警備員は男性のバッグを徹底的に調べました。

▶ 290 security staff「警備員」 search「調べる」

442 ☐ ☐ ☐	**brief** [brí:f]	形 簡潔な 他動 〜を要約する 名 要約 副 briefly「簡潔に」
443 ☐ ☐ ☐	**publication** [pÀblikéiʃən]	名 出版物, 公表 動 publish「出版する」 名 publisher「出版社」
444 ☐ ☐ ☐	**competitor** [kəmpétətər]	名 競争相手 動 compete「競争する」 名 competition「競争, 競技会」
445 ☐ ☐ ☐	**solution** [səlú:ʃən]	名 解決策, 解決 動 solve「問題を解く, 解決する」
446 ☐ ☐ ☐	**maintenance** [méintənəns]	名 管理, 整備 動 maintain「維持する, 保守整備する」
447 ☐ ☐ ☐	**extend** [iksténd]	他動 〜を延長する, 〜を伸ばす 名 extension「延長, 拡張」
448 ☐ ☐ ☐	**component** [kəmpóunənt]	名 部品 名 part「部品」

64

He prepared a ⌈brief⌉ presentation.

彼は簡潔なプレゼンを準備しました。

▶ presentation「プレゼンテーション」

The best-selling ⌈publications⌉ are listed in this catalog.

ベストセラーの出版物はこのカタログに記載されています。

▶ best-selling「よく売れている」 catalog「カタログ」

The European market is already full of a lot of ⌈competitors⌉.

欧州市場はすでに多くの競合他社であふれています。

▶ European「ヨーロッパの」 full of ...「～に満ちている」

We urgently need to find a ⌈solution⌉ to the system problem.

至急、システムトラブルの解決策を見いださなければなりません。

▶ 157 urgently「緊急に」 091 problem「問題」

The elevators are out of service due to regular ⌈maintenance⌉.

エレベーターは定期点検のため使用できません。

▶ out of service「運転休止中で」 257 due to ...「～が原因で」
451 regular「定期的な」

Starting next month, we will ⌈extend⌉ our business hours.

来月から営業時間を延長いたします。

▶ business hour「営業時間」

These are the main ⌈components⌉ of a computer.

これらがコンピューターのメインの部品です。

▶ 432 main「主な」

147

449 □ □ □
editor
[édətər]

名 編集者
動 edit「編集する」
形 editorial「編集の」

450 □ □ □
adjust
[ədʒʌ́st]

他動 ～を調整する
自動 順応する
adjust to ...「～に順応する」
形 adjustable「調整できる, 順応できる」

451 □ □ □
regularly
[régjələrli]

副 定期的に
動 regulate「規制する」
形 regular「定期的な, いつもの」

452 □ □ □
demonstrate
[démənstrèit]

他動 ～を実演する
名 demonstration「実演」

453 □ □ □
investigate
[invéstəgèit]

他動 ～を調査する
名 investigation「調査」

454 □ □ □
modify
[mádəfài]

他動 ～を修正する
名 modification「修正」

455 □ □ □
consult
[kənsʌ́lt]

他動 ～に相談する
自動 相談する
名 consultant「コンサルタント」
名 consultation「相談」

65

Ms. Green took the position of ⌈editor⌉-in-chief last month.

先月, Green さんは編集長に就任しました。

▶ **105** position「職」 editor-in-chief「編集長」

You can ⌈adjust⌉ the volume with this knob.

このツマミで音量を調整できます。

▶ knob「つまみ」

Please don't forget to change your password ⌈regularly⌉.

パスワードを定期的に変更することを忘れないでください。

▶ password「パスワード」

Mr. Cole will ⌈demonstrate⌉ how to prepare French dishes.

Cole さんがフランス料理の作り方を実演します。

▶ dish「料理」

We need to ⌈investigate⌉ the cause of the traffic jams.

私たちは渋滞の原因を調査する必要があります。

▶ **372** traffic jam「交通渋滞」

The recipe was ⌈modified⌉ to suit the taste of Japanese people.

そのレシピは日本人の味覚に合うように改良されました。

▶ recipe「レシピ」 **414** suit「合う」

I need to ⌈consult⌉ my manager before making a decision.

決定する前にマネージャーに相談する必要があります。

▶ make a decision「決定を下す」

456 ☐
☐
☐ **assemble**
[əsémbl]

他動 ～を組み立てる
图 assembly「組み立て」
assembly line「組み立てライン」

457 ☐
☐
☐ **objective**
[əbdʒéktiv]

名 目的, 目標
图 purpose「目的, 目標」
图 goal「目的, 目標」
图 target「目的, 目標」

458 ☐
☐
☐ **bulk**
[bʌ́lk]

名 たくさんあること

459 ☐
☐
☐ **extensive**
[iksténsiv]

形 広い, 広範囲に及ぶ

460 ☐
☐
☐ **theme**
[θíːm]

名 テーマ

461 ☐
☐
☐ **outlet**
[áutlèt]

名 販売店, コンセント

462 ☐
☐
☐ **suspend**
[səspénd]

他動 ～を一時中断する
图 suspension「一時的な停止」

66

Could you help me [assemble] the shelf this afternoon?

今日の午後, 棚を組み立てるのを手伝っていただけますか。

▶ 258 shelf「棚」

Our [objective] for next year is to open a new store abroad.

来年の目標は海外に新店舗をオープンすることです。

▶ 368 store「店」

You can get a discount if you order in [bulk].

大量注文すれば, 割引を受けられます。

▶ 248 discount「割引」 003 order「注文する」 in bulk「大量に」

He has [extensive] knowledge about history.

彼は歴史に関する幅広い知識を持っています。

This [theme] park is famous for its thrilling rollercoasters.

このテーマパークはスリルのあるジェットコースターで有名です。

▶ theme park「テーマパーク」 thrilling「スリル満点の」
rollercoaster「ジェットコースター」

The company has more than 100 [outlets] in Japan.

その会社は日本に 100 以上の販売店を展開しています。

▶ 017 company「会社」

All train services are [suspended] due to the strong storm.

激しい嵐のため, すべての電車が運休となっています。

▶ 257 due to ...「〜が原因で」 storm「嵐」

---

463 □
□
□ **cautious**
[kɔ́:ʃəs]

形 注意深い
動/名 caution「警告する / 警告, 注意」

464 □
□
□ **patron**
[péitrən]

名 常連客, 後援者

465 □
□
□ **imply**
[implái]

他動 ～をほのめかす

466 □
□
□ **belongings**
[bilɔ́(ː)ŋiŋz]

名 持ち物
動 belong「属する」

467 □
□
□ **quote**
[kwóut]

名 見積り, 引用文
他動 ～に値段をつける,
　　～を引用する
名 quotation「見積り, 引用文」

468 □
□
□ **architecture**
[ɑ́ːrkətèktʃər]

名 建築
名 architect「建築家」

469 □
□
□ **retirement**
[ritáiərmənt]

名 退職, 引退
動 retire「退職する, 引退する」

67

You should be [cautious] when trying out new methods.

新しい方法を試す際は注意深くあるべきです。

▶ try out「試してみる」 242 method「方法」

Brandon has been a [patron] of this restaurant for many years.

何年もの間, Brandon はこのレストランの常連客です。

She [implied] that she was not interested in this book.

彼女はこの本に興味がないことをほのめかしました。

Please don't forget to take your personal [belongings].

身の回りのお持ち物はお忘れなくお持ちください。

Please call a few caterers to get some [quotes].

いくつかの仕出し業者に電話をして見積りを取ってください。

▶ 366 caterer「仕出し業者」

He came to Japan to study Japanese [architecture].

彼は日本建築を学ぶために来日しました。

Over 50 people gathered at Ms. Sato's [retirement] party.

50名以上の人々が佐藤さんの退職パーティーに集まりました。

470

critic
[krítik]

名) 批評家, 評論家
動 criticize「批判する」
形 critical「批判的な, 重大な」
名 reviewer「批評家」

471

sculpture
[skʌ́lptʃər]

名) 彫刻

472

resign
[rizáin]

自動) 退職する, 辞任する
名 resignation「辞任」
step down「辞任する」

473

coordinate
[kouɔ́ːrdənèit]

他動) ～を調整する
名 coordinator「調整する人, コーディネーター」

474

specify
[spésəfài]

他動) ～を指定する,
～を詳細に述べる
名 specification「仕様, 仕様書」
※通常複数形で用いる
形 specific「明確な, 具体的な」

475

tenant
[ténənt]

名) 貸借人

476

biography
[baiágrəfi]

名) 経歴, 伝記

His novel received mostly positive comments from ⌐critics⌐.

彼の小説は、批評家からはおおむね肯定的な評価を受けました。

▶ mostly「大部分は」

This museum's ⌐sculpture⌐ collection is one of the largest in the world.

この美術館の彫刻コレクションは世界最大級です。

Mr. Martin ⌐resigned⌐ last month and moved back to the United States.

Martin さんは先月退職して、アメリカへ戻りました。

Ms. Sharpe was asked to ⌐coordinate⌐ the fund-raising event.

Sharpe さんは資金集めのイベントを調整するよう頼まれました。

▶ 126 fund-raising「資金集め」

Could you ⌐specify⌐ the location to meet?

待ち合わせの場所を指定していただけますか。

▶ 320 location「場所」

⌐Tenants⌐ should give one month's notice before moving out.

退去に先立って、借主は 1 ヶ月前までに通知してください。

▶ 099 notice「通知」 move out「出て行く」

His short ⌐biography⌐ is at the end of the document.

彼の略歴は資料の最後に載っています。

▶ 286 document「資料」

477	asset [ǽset]	名 財産, 有用なもの
478	premises [prémisəz]	名 構内, 敷地, 建物
479	equip [ikwíp]	他動 〜に備えつける be equipped with ...「〜を備えている」 名 equipment「機器, 設備, 装備」
480	utility [ju:tíləti]	名 公共料金, 公益事業
481	cashier [kæʃíər]	名 レジ係 cash register「レジ」
482	inspection [inspékʃən]	名 点検, 調査, 視察 動 inspect「調査する」 名 inspector「調査官」
483	feedback [fí:dbæk]	名 意見

69

We are sure that you will be a great [asset] to the team.

あなたがチームにとって大きな財産になると思っています。

You should carry a visitor badge while on the [premises].

構内にいる間は、訪問者用バッジを携帯しなければなりません。

▶ carry「持ち歩く」 badge「バッジ」

The room is [equipped] with a projector and audio equipment.

その部屋はプロジェクターや音響機器を完備しています。

▶ projector「プロジェクター」 030 audio equipment「音響機器」

The monthly [utility] cost will be about 20% lower.

月々の光熱費は約20%安くなるでしょう。

▶ utility cost「光熱費」 056 about「約」

I asked the [cashier] if I can pay with a credit card.

クレジットカードで支払えるかどうか、レジ係に尋ねました。

▶ 274 pay「支払う」 credit card「クレジットカード」

During the [inspection], we found some serious mechanical problems.

点検中に、機械の深刻な問題が見つかりました。

▶ during ...「～の間」 mechanical「機械の」 091 problem「問題」

Could you give me some [feedback] on my presentation?

私のプレゼンテーションにご意見をいただけますか。

▶ presentation「プレゼンテーション」

484
intensive
[inténsiv]
形 集中的な

485
handout
[hǽndàut]
名 配布資料

486
fabric
[fǽbrik]
名 生地, 織物

487
lease
[líːs]
名 賃貸借契約
他動 ～を賃貸しする,
～を賃借りする

488
municipal
[mju(ː)nísəpl]
形 地方自治体の
名 municipality「地方自治体」

489
spacious
[spéiʃəs]
形 広々とした
名 space「空いた場所」

490
nationwide
[nèiʃənwáid]
形 全国的な
副 全国的に

70

The [intensive] English course has a total of five levels.

英語の集中講座には全部で5つのレベルがあります。

Please take a look at the [handout].

配布資料をご覧ください。

▶ take a look「ちょっと見る」

Please choose your favorite pattern from these [fabric] samples.

こちらの生地サンプルからお好きな柄をお選びください。

I signed a one-year [lease] on a new apartment.

私は新しいアパートの1年間の賃貸契約を結びました。

▶ 210 425 sign「結ぶ」

All of the [municipal] libraries are closed during national holidays.

祝日の間，すべての公立図書館は休館です。

▶ during ...「～の間」 national holiday「祝祭日」

Each unit has a [spacious] walk-in closet.

各戸には広々としたウォークインクローゼットがあります。

▶ unit「一戸」 walk-in closet「ウォークインクローゼット」

We began a [nationwide] campaign for new cosmetics.

新しい化粧品の全国的なキャンペーンを始めました。

▶ cosmetic「化粧品」

491
directory
[dəréktəri, dai-]

名 案内板, 名簿

492
medication
[mèdikéiʃən]

名 薬物
图 medicine「薬」
形 medical「医学の, 内科の」

493
subscribe
[səbskráib]

自動 定期購読する, 予約購読する
图 subscriber「定期購読者」
图 subscription「定期購読」

494
amenity
[əménəti]

名 アメニティ, 快適さ

495
waive
[wéiv]

他動 (権利など) ～を放棄する

496
renovate
[rénəvèit]

他動 ～を改装する, ～を修理する
图 renovation「改装, 修理」

497
culinary
[kʌ́lənèri]

形 料理の

71

The old building [directory] is still on the wall.

古い建物案内板がまだ壁に掛かっています。

This [medication] should be taken three times a day.

この薬は1日に3回服用してください。

He [subscribes] to two kinds of newspapers.

彼は2種類の新聞を定期購読しています。

We offer a wide variety of [amenities] to make your stay comfortable.

お客様の快適なご滞在のために, さまざまなアメニティをご提供しています。

▶ **007** offer「提供する」 **418** **110** wide variety of ...「さまざまな〜」
219 comfortable「快適な」

Become a member now, and we'll [waive] your fees for the first month.

いま入会いただければ, 初月の会費を免除いたします。

▶ **123** fee「料金」

It costs a lot to [renovate] a house.

家を改装するのに多くのお金がかかります。

Our [culinary] expert, Mr. Cole, offers several cooking classes.

料理専門家である Cole さんはいくつかの料理教室を開いています。

▶ expert「専門家」 **007** offer「提供する」

498 □ □ □
keynote
[kíːnòut]

名 基本方針, 主旨
keynote speaker「基調講演者」

499 □ □ □
detour
[díːtuər]

名 回り道

500 □ □ □
reimburse
[rìːimbə́ːrs]

他動 〜を払い戻す
名 reimbursement「返済」

501 □ □ □
checkout
[tʃékàut]

名 精算, チェックアウト

502 □ □ □
paycheck
[péitʃèk]

名 給与, 給与支払い小切手

503 □ □ □
coworker
[kóuwə̀ːrkər]

名 同僚
名 colleague「同僚」

504 □ □ □
grant
[grǽnt]

名 助成金, 許可
他動 〜を認める, 〜を与える

72

The [keynote] speaker suddenly became unavailable.

基調講演者は急に都合が悪くなってしまいました。

▶ unavailable「都合が悪くて会えない」

I took a [detour] because of the heavy traffic.

交通混雑のため回り道をしました。

▶ because of ...「〜が原因で」 **372** heavy traffic「交通混雑」

All travel expenses will be [reimbursed] by the company.

すべての出張費は会社から払い戻されます。

▶ **033** travel expense「出張旅費」 **017** company「会社」

There is a long line in front of the [checkout] counter.

レジの前には長い列があります。

▶ line「列」 checkout counter「レジ」

There was a calculation error in this month's [paycheck].

今月の給与に計算ミスがありました。

▶ calculation「計算」

I asked my [coworker] for help to meet the deadline.

締め切りに間に合わせるため、同僚へ手助けを求めました。

▶ meet the deadline「締切に間に合う」

They received a research [grant] from the government.

彼らは政府から研究助成金を受け取りました。

▶ **283** research grant「研究助成金」 government「政府」

部署の名前や，各部署が行う業務内容をわかっておくと，ストーリーを理解しやすくなります。ここでは頻出する部署を見てみましょう！

<部署名>

106 board of directors 役員（会）

企業の運営を監督し，経営・運営方針に関する重大な決定を下したり，承認したりする人々（または会合）のこと。

004 072 human resources (personnel) department 人事部

TOEIC では人事採用の場面が頻出する。人事部は求人広告 (job advertisement) を出し，応募者 (candidate) の募集や面接・選考を行う。

marketing department マーケティング部

販売戦略に関する業務を実施。TOEIC の世界でもマーケティング調査として顧客調査 (customer survey) を行ったり，広告戦略を練ったりする。

accounting department 経理部

出張の旅費精算などを行う。TOEIC の世界では旅費報告書 (expense report) に漏れがあり，経理部から指摘されるという状況がよくみられる。

technology department 技術部

TOEIC の世界では PC のログインが出来ない等の技術的問題や，新しいソフトウェアのインストール後の不具合がよく発生する。技術部の人に連絡して助けを求めるパターンが非常に多い。

sales department 営業部

売上の増減に関して会議で話し合う場面などがリスニングパートで頻出。TOEIC の世界では見本市（trade show）にブースを出展するような活動も行われている。

public relations department 広報部

会社の商品やサービスを宣伝する部署。会社の決定事項を公に発表することなども行う（ちなみに「自己 PR」の PR は public relations の略）。

学習を効果的に継続させるには

モチベーションは高揚感とも似ている感情です。嬉しい，悲しいという感情が持続しないのと同じように，モチベーションが冷めてしまうのは当然のことです！モチベーションが保てないことを「意思が弱いからだ」と思う必要は全くありません。

揺らぎやすいモチベーションに頼らずに学習を持続させるには，「学習タスクを最小限に設定する」ことが有効です。脳は「始めること」に一番エネルギーを使ういっぽう，一度始めてしまえば「このまま継続していたい」となる性質を持っています。ちょっと掃除するつもりが気づいたら大掃除しちゃった！という経験，ありませんか。これも脳の性質のせいなのです。

つまり，初動のタスクを思いっきり少なくし，学習に取り掛かりやすくすることが学習行動を促すコツと言えるでしょう。まずは，モチベーションが上がらず気分が乗らない時でもできる学習量・内容を計画すること。音読や単語学習など，手軽にできる内容がオススメです。

最初は「毎日少しでも学習する」ことを目標にし，学習習慣を身につけることに重きを置きましょう。少しずつ知識が増えると，学習へのハードルが下がり，好奇心も増してきます。毎日学習することに慣れれば，学習量は徐々に増やしていけますよ。

また，嫌な時に無理にやる必要はありません。長い間何かを継続できている人に共通するのは，「毎日はやっていない」ということです。どうしても気分が乗らない日もあると思います。そういう日は思い切って気持ちよく休むことも大切です。「英語の勉強，嫌だな」という気持ちで学習すると，その「嫌な印象」が心に強く残り，次回の学習再開の大きな妨げになってしまいます。

01	**a number of ...**	たくさんの〜, いくらかの〜
02	**along with ...**	〜と一緒に
03	**as of ...**	〜付で, 〜以降
04	**at least**	少なくとも
05	**be dedicated to ...**	〜に打ち込んでいる
06	**be responsible for ...**	〜に対して責任がある
07	**be subject to ...**	〜の対象となる, 〜に左右される

73

A number of people are lined up in front of the new store.

たくさんの人々が新しい店の前に並んでいます。

Could you bring back the item along with the receipt?

レシートと一緒に品物をお持ちいただけますか。

As of June 1, the parking fee is going to go up.

6月1日付で,駐車料金が上がります。

I need at least one more day to enter this data.

このデータを入力するのに,少なくともあと1日必要です。

The chef is dedicated to creating vegetarian dishes.

そのシェフはベジタリアン料理を作ることに打ち込んでいます。

She is responsible for explaining the results.

彼女は結果を説明する責任があります。

The price is subject to change without any notice.

価格は予告なしに変更される可能性があります。

08	**be willing to ...**	～しても構わない
09	**behind schedule**	予定より遅れて
10	**come up with ...**	（アイディアなど）～を思いつく
11	**feel free to ...**	遠慮なく～する
12	**figure out ...**	～を理解する
13	**for a while**	しばらくの間
14	**for free**	無料で

74

We [are willing to] pay more if necessary.

必要であれば，もっと支払っても構いませんよ。

The performance began [behind schedule].

公演は予定より遅れて始まりました。

How did you [come up with] such a great idea?

どうやってそんなに素晴らしいアイディアを思いついたのですか。

Please [feel free to] contact me anytime.

いつでも遠慮なくご連絡ください。

We are trying to [figure out] what caused the problem.

問題を引き起こした原因について模索しています。

I'll be out of town on business [for a while].

しばらくの間，出張で留守にします。

You can download music [for free] during the trial period.

お試し期間中は無料で音楽をダウンロードできます。

15	**get in touch with ...**	〜と連絡を取る
16	**go over ...**	〜を確認する
17	**have yet to** *do*	まだ〜していない
18	**in accordance with ...**	〜にしたがって
19	**in charge of ...**	〜を担当して
20	**in detail**	詳しく
21	**in person**	直接

75

I'll get in touch with you later.

のちほどご連絡いたします。

Would you mind going over the meeting agenda with me?

一緒に会議の議題を確認していただけませんか。

He has yet to arrive at the airport.

彼はまだ空港に到着していません。

In accordance with your request, I booked an aisle seat.

リクエストに応じて，通路側の席を予約しました。

Who's in charge of customer service?

だれが顧客サービスの担当ですか。

Could you explain the situation in detail?

詳しく状況を説明していただけますか。

You can pick up your ID card in person at the office.

ID カードはオフィスで直接受け取れます。

22	in the meantime	その間
23	instead of ...	〜の代わりに
24	keep in mind that ...	〜を覚えておく
25	look forward to ... ing	〜するのを楽しみにする
26	look into ...	〜を検討する
27	make sure that ...	必ず〜する
28	no later than ...	遅くとも〜までに

76

He looks busy now. In the meantime, let's sit and wait.

彼は今忙しいようです。その間、座って待ちましょう。

The concert was held in the hall instead of on the outdoor stage.

野外ステージの代わりに、コンサートはホールで開催されました。

Please keep in mind that food and drinks are not allowed in this area.

このエリアでの飲食は禁止ですので覚えておいてください。

I'm looking forward to hearing from you soon.

近日中にご連絡いただけるのを楽しみにしております。

I'm looking into buying a new laptop computer.

新しいノートパソコンの購入を検討しています。

Please make sure that all of the files are copied by Friday.

金曜日までにすべてのファイルを必ずコピーしておいてください。

Please respond no later than the end of this month.

遅くとも今月末までにお返事ください。

29 **no longer ...** もはや〜ではない

30 **on behalf of ...** 〜を代表して

31 **on *one's* way to ...** 〜へ向かう途中で

32 **on time** 時間どおりに

33 **out of order** 故障して

34 **out of service** 運転休止中で

35 **put off ...** 〜を延期する

77

We [no longer] carry this item in our stores.

当店ではこの商品はもう取り扱っておりません。

I apologize for the inconvenience [on behalf of] the company.

会社を代表して、ご迷惑をお掛けしたことをお詫びいたします。

I met a coworker [on my way to] the station.

駅へ向かう途中で同僚に会いました。

The meeting started [on time].

打ち合わせは時間どおりに始まりました。

This photocopier seems to be [out of order].

このコピー機は故障しているようです。

The elevator in the north wing is [out of service].

北棟のエレベーターは運転休止中です。

Unfortunately, we need to [put off] the grand opening date.

残念ながら、オープニングの日を延期する必要があります。

36	**set aside ...**	～を残しておく
37	**take advantage of ...**	～を利用する
38	**take place**	開催される
39	**up to ...**	最大で～まで
40	**upon** *one's* **request**	ご要望に応じて
41	**when it comes to ...**	～に関して言えば
42	**work on ...**	～に取り組む

78

A week has been [set aside] to train new staff.

新しいスタッフの研修のために 1 週間確保されています。

Why don't you [take advantage of] the company benefits?

会社の福利厚生を利用してみてはいかがですか。

The local festival will [take place] at Central Park next week.

来週. セントラルパークで地元の祭りが開催されます。

Please choose [up to] three colors to make an original T-shirt.

オリジナル T シャツを作るので. 3 色までお選びください。

We can customize the design [upon your request].

ご要望に応じてデザインのカスタマイズが可能です。

[When it comes to] computers, he is an expert in the field.

コンピューターに関して言えば. 彼はその分野の専門家です。

I need to [work on] the proposal this afternoon.

今日の午後は. 提案書に取り組む必要があります。

見出し索引

181

駒井 亜紀子（こまい・あきこ）

　TOEIC 990 点（満点），英検 1 級。神田外語学院講師。外資系企業勤務を経て，英語講師へと転身。「学習習慣が身につき，英語力を土台から築くことができる指導」に定評があり，短期間でのスコアアップも多数実現させている。著書に『TOEIC(R) L&R テスト　はじめて受験のパスポート』（旺文社），『TOEIC L&R(R)　TEST 音読特急 速聴力をつける』（朝日新聞出版）がある。

© Akiko Komai, 2023, Printed in Japan

1 か月で復習する
TOEIC® L&R テスト 基本の 500 単語

2023 年 4 月 10 日　　　初版第 1 刷発行

著　　　者	駒井 亜紀子	
制　　　作	ツディブックス株式会社	
発 行 者	田中 稔	
発 行 所	株式会社 語研	
	〒 101–0064	
	東京都千代田区神田猿楽町 2–7–17	
	電　話　03-3291-3986	
	ファクス　03-3291-6749	
組　　　版	ツディブックス株式会社	
印刷・製本	シナノ書籍印刷株式会社	

ISBN978-4-87615-386-2 C0082
書名　イッカゲツデフクシュウスル トーイック エルアンドアール テスト
　　　キホンノ ゴヒャクタンゴ
著者　コマイ アキコ

本書の感想は
スマホから↓

株式会社 語研
語研ホームページ https://www.goken-net.co.jp/